Die Lust auf Neues

Peter Rinderle

Die Lust auf Neues
Ein Essay über Kreativität

Peter Rinderle
Berlin, Deutschland

ISBN 978-3-658-41609-6   ISBN 978-3-658-41610-2   (eBook)
https://doi.org/10.1007/978-3-658-41610-2

Die Deutsche Nationalbibliothek verzeichnet diese Publikation in der Deutschen Nationalbibliografie; detaillierte bibliografische Daten sind im Internet über http://dnb.d-nb.de abrufbar.

© Der/die Herausgeber bzw. der/die Autor(en), exklusiv lizenziert an Springer Fachmedien Wiesbaden GmbH, ein Teil von Springer Nature 2023

Das Werk einschließlich aller seiner Teile ist urheberrechtlich geschützt. Jede Verwertung, die nicht ausdrücklich vom Urheberrechtsgesetz zugelassen ist, bedarf der vorherigen Zustimmung des Verlags. Das gilt insbesondere für Vervielfältigungen, Bearbeitungen, Übersetzungen, Mikroverfilmungen und die Einspeicherung und Verarbeitung in elektronischen Systemen.
Die Wiedergabe von allgemein beschreibenden Bezeichnungen, Marken, Unternehmensnamen etc. in diesem Werk bedeutet nicht, dass diese frei durch jedermann benutzt werden dürfen. Die Berechtigung zur Benutzung unterliegt, auch ohne gesonderten Hinweis hierzu, den Regeln des Markenrechts. Die Rechte des jeweiligen Zeicheninhabers sind zu beachten.
Der Verlag, die Autoren und die Herausgeber gehen davon aus, dass die Angaben und Informationen in diesem Werk zum Zeitpunkt der Veröffentlichung vollständig und korrekt sind. Weder der Verlag noch die Autoren oder die Herausgeber übernehmen, ausdrücklich oder implizit, Gewähr für den Inhalt des Werkes, etwaige Fehler oder Äußerungen. Der Verlag bleibt im Hinblick auf geografische Zuordnungen und Gebietsbezeichnungen in veröffentlichten Karten und Institutionsadressen neutral.

Planung/Lektorat: Frank Schindler
Springer VS ist ein Imprint der eingetragenen Gesellschaft Springer Fachmedien Wiesbaden GmbH und ist ein Teil von Springer Nature.
Die Anschrift der Gesellschaft ist: Abraham-Lincoln-Str. 46, 65189 Wiesbaden, Germany

Für Hermann

Inhaltsverzeichnis

1 Überraschungen 1
2 Menschenwerk 11
3 Licht und Schatten 21
4 Expressive Kunst 33
5 Erkenntnisfortschritte 45
6 Die Meise des Indianers 57
7 Demokratische Innovationen 71
8 Eine Verwegenheit 87
9 Künstliche Intelligenz 103
10 Durch Langeweile lernen 113

Danksagung 129

Literatur 131

Überraschungen 1

Die Welt, in der wir leben, ist keine feststehende Größe. Die Menschen und ihre Beziehungen sind aus unterschiedlichen Gründen einem permanenten Wandel unterworfen. Dabei sind wir nicht nur passive Opfer von Vorgängen, die unserer Kontrolle entzogen sind. Auch wir selbst können aktiv in den Lauf des Geschehens eingreifen und Veränderungen initiieren. Im Großen wie im Kleinen, in der Politik wie im Privatleben. Staaten werden gegründet, internationale Verträge abgeschlossen, Bündnisse geschmiedet. Wir setzen Kinder in die Welt, wir treten Vereinen bei, Freundschaften entstehen – und vergehen.

Wir können diese unterschiedlichen Phänomene in eine einzige Schublade stecken: Ihnen ist gemeinsam, dass irgendetwas Neues entsteht. Etwas, das es in der Welt bisher nicht gab. Etwas, das vielleicht gar nicht vorhersehbar war. Etwas, das nicht unbedingt hätte entstehen müssen.

Oft ist das Neue auch mit mehr oder weniger angenehmen oder unangenehmen Überraschungen verbunden. Unter Umständen hätten wir uns nicht vorstellen können, dass eine erhoffte Entwicklung überhaupt möglich hat sein können. Und nicht selten wünschen wir uns mit guten Gründen, dass besser alles beim Alten geblieben wäre.

Wie kaum ein anderes Phänomen ist die Hervorbringung von etwas Neuem ein wahres Wunder und wirft für die Philosophie viele Fragen auf. Zur Bezeichnung dieses Vorgangs wird oft von Kreativität gesprochen: Kreativ ist demzufolge eine Person, die etwas Neues in die Welt setzt; kreativ ist die Hervorbringung einer Sache – einer Erkenntnis oder eines Kunstwerks, einer Institution, einer Beziehung oder eines Gerichts –, die es vorher nicht gab.

Einige wichtige Fragen, die sich im Zusammenhang mit diesem Phänomen stellen, zielen auf die *Möglichkeit* der Kreativität: Wie können wir überhaupt etwas Neues in die Welt setzen? Welche Voraussetzungen sind dafür notwendig? Weitere Fragen im Umkreis dieser Phänomens lauten: Wer kann etwas Neues hervorbringen? Woher rührt diese Lust auf Neues, und in welchen Bereichen kann man kreativ werden? Lässt sich diese Fähigkeit erlernen und entwickeln? Und wenn ja, wie soll das gehen?

Über diese Themen möchte ich in diesem Büchlein nachdenken. Bei einem solchen Prozess des Nachdenkens geht es niemals nur darum, unumstößlich richtige Antworten zu geben. Wenn wir die Weisheit lieben, dann geht es auch immer darum, existenziell bedeutsame Fragen erst einmal aufzuwerfen, richtig zu verstehen und verschiedene Antworten auf sie kennenzulernen und zu überprüfen. Das Streben nach Wissen ist dabei selbst eine schöpferische Tätigkeit, und sicherlich werden wir das Phänomen der Kreativität besser verstehen, wenn wir selbst eine Freude für das Neue zeigen.

Die vorliegende Untersuchung wird dabei eher einen tentativen Charakter haben, und daher nenne ich sie einen Essay. Sie besteht aus einem Versuch, sich Klarheit über eine interessante und zugleich sehr komplexe Fähigkeit zu verschaffen. Spontane Einfälle und Ideen erhalten deshalb einen Vorrang über die Entwicklung eines starren Systems. Zwar folge ich einem roten Faden, doch er soll mich nicht davon abhalten, hin und wieder ein wenig abzuschweifen.

In diesem einführenden Kapitel nehme ich zunächst den Begriff und einige Spielarten der Kreativität unter die Lupe. Dabei sollte der Leser keine strenge Definition erwarten. Fast alle Begriffe werden im Alltag in vielfältigen Bedeutungen verwendet, und mit einer Definition wird man diese Vielfalt auch nicht aus der Welt schaffen können. Der Gebrauch eines Begriffs dient schließlich immer bestimmten Zwecken, und gerade der Begriff „Kreativität" bezeichnet keinen von menschlichen Aktivitäten und Bedürfnissen unabhängigen Gegenstand.

Wenn wir diesen Begriff genauer betrachten, sollten wir uns deshalb überlegen, zu welchem Zweck wir ihn verwenden und welche Bedeutungen mehr oder weniger zweckdienlich sind. Man kann mit guten Gründen unterschiedliche Meinungen über die Verwendung eines Begriffs haben, und in einer philosophischen Untersuchung sollten diese Meinungen zur Sprache kommen und geprüft werden. Dem zwar verbreiteten, aber fehlgeleiteten Bedürfnis nach einer unumstößlichen Definition des Begriffs der Kreativität werde ich jedenfalls nicht nachkommen.

Eine Kernbedeutung unseres Begriffs ist relativ unstritig. Ganz allgemein bezeichnet Kreativität nämlich einen Vorgang oder ein Geschehen, das einen

1 Überraschungen

bisher inexistenten Gegenstand hervorbringt oder zum Ergebnis hat.[1] Mit einem schöpferischen Akt kommt eine neue Sache in die Welt. Man wird und soll sich nun darüber streiten, wie dies geschehen kann. Insbesondere stellt sich die Frage, durch wen dies geschieht -und wer dabei die Initiative ergreift. Aber im allgemeinsten Sinn des Wortes bezeichnet Kreativität zunächst die Hervorbringung einer Neuigkeit.

Der Kreativität wohnt darüber hinaus ein Überraschungsmoment inne. Manche Dinge sind zwar neu, doch widersprechen sie nicht unseren Erwartungen und sind daher auch nicht besonders interessant. Wenn ich aus Versehen ein Glas Rotwein umstoße, dann entsteht auf der Tischdecke ein Fleckenmuster, das die Welt bisher noch nicht gesehen hat. Ich habe etwas Neues kreiert.

Bin ich kreativ gewesen? Nein, denn ich hatte keine besonderen Erwartungen hinsichtlich der genaueren Anordnung der roten Flecken auf der Tischdecke. Von einer echten Überraschung würde man hier nicht sprechen. Nicht jedes Eintreten einer Neuigkeit ist also auf einen kreativen Akt zurückzuführen. Kreativ ist lediglich die Hervorbringung von Neuigkeiten, die interessant, weil unerwartet sind.

Überraschend ist nur das, was wir bisher nicht gesehen oder gedacht haben. Überraschend ist insbesondere etwas, das man nicht hätte vorhersehen können. So wie spontane, unüberlegte Handlungen. Solche Handlungen können sehr überraschend sein, und man könnte versucht sein, die Spontaneität deshalb als eine Zwillingsschwester der Kreativität zu betrachten.[2]

Diese beiden Dinge sehen sich zwar zum Verwechseln ähnlich, sind jedoch nicht miteinander identisch. Nicht jede spontane Handlung ist kreativ, und nicht jede kreative Handlung ist spontan. Auch ist nicht jede Überraschung unbedingt kreativ: Wenn nämlich der Aspekt des Neuen fehlt und eine Person mit altbekannten Verhaltensweisen überrascht, so mag man diese Überraschung zwar begrüßen, doch als kreativ wird man sie nicht bezeichnen können.

Dabei kann es durchaus kreativ sein, mit längst bekannten Dingen in ungewohnten Kontexten einen überraschenden Gebrauch zu machen. Auch mit der Erinnerung an *alte* Ideen kann man überraschen und beispielsweise *neue* Überlegungen anstoßen. Doch das Moment der Überraschung allein genügt noch nicht für das Vorliegen von Kreativität.

Kurzum: Die Kreativität besteht wesentlich in der Hervorbringung von überraschenden Neuigkeiten. Beide Elemente sind notwendige Bedingungen für das

---

[1] Boden (2004, 1); Weisberg (2020, 43 ff.).
[2] Gaut (2018, 135).

Vorliegen von Kreativität; keine der beiden Bedingungen ist allerdings für sich schon hinreichend. Erst aus dem Zusammentreffen dieser beiden Phänomene resultiert die Kreativität.

Auf der Grundlage dieser ersten Begriffsumschreibung können wir jetzt mehrere allgemeine Formen und Spielarten der Kreativität unterscheiden.[3] Das Neue kann zunächst aus einer überraschenden *Kombination* verschiedener Dinge entstehen, die wir bereits kennen mögen. Metaphern können als Beispiel für eine solche Form der Kreativität im Medium der Sprache gelten. Durch eine ungewöhnliche Zusammenfügung von zwei Begriffen aus unterschiedlichen Bereichen kann eine neue Bedeutung generiert und auf diese Weise unsere Wahrnehmung eines Aspekts einer Sache geschärft werden.

Kreativ kann zweitens eine vertiefende *Exploration* eines bekannten Gegenstands bezeichnet werden. Wenn wir eine Sache gründlich untersuchen, entdecken wir an ihr oft Nuancen und Facetten, die uns bisher nicht aufgefallen sind. So hat Paul Cézanne die Montagne Sainte-Victoire im Süden der Provence 87-mal auf die Leinwand gebracht, und Claude Monet hat zahlreiche Gemälde angefertigt mit Seerosen oder der Kathedrale von Rouen als Motiv. Die beiden Maler haben versucht, das Potenzial ihrer Vorlagen möglichst vollständig auszuschöpfen. Der Begriff einer kreativen Exploration eines Phänomens trifft an dieser Stelle genau ins Schwarze.

Zuletzt kann die Kreativität in einer mehr oder weniger vollständigen *Transformation* eines Gegenstands oder einer Praxis bestehen. Um bei der Malerei als Beispiel zu bleiben: Pablo Picasso und Georges Braque haben ab etwa 1906 in ihren kubistischen Werken einen radikalen Bruch mit der traditionellen Zentralperspektive herbeigeführt; und Jackson Pollock hat genau 40 Jahre später mit seiner Dripping-Technik eine noch radikalere Abkehr von den traditionellen Techniken der Malerei vollzogen und die Richtung des abstrakten Expressionismus begründet.[4]

Beispiele für kreative Vorgänge finden sich in allen Bereichen des menschlichen Lebens. Ohne Zweifel wird man Donatellos Bronzeskulptur *David* oder Franz Schuberts Liederzyklus *Winterreise* als Akte einer einzigartigen künstlerischen Kreativität mit einem großen K bezeichnen.[5] Streiten können wir uns eventuell darüber, welche Bedeutung und welchen Wert die aleatorische Musik

---

[3] Boden (2004, 3 ff., 2018, 60).
[4] Weisberg (2020, 123 ff.).
[5] Weisberg (2020, 113 f.).

1 Überraschungen

des US-amerikanischen Komponisten John Cage oder die Schüttbilder des österreichischen Aktionskünstlers Hermann Nitsch haben. Man wird aber nicht umhinkommen, auch sie als überraschend und neu zu bezeichnen.

Unsere kreativen Fähigkeiten sind jedoch nicht auf den Bereich der Kunst beschränkt. Auch die Entdeckung des Rads, die Erfindung der Demokratie, Einsteins Allgemeine Relativitätstheorie und die Einführung des Euros können als Beispiele für die Hervorbringung von überraschenden Neuigkeiten gelten.

Die Kreativität reicht ja bis in den bunten Alltag der Menschen hinein. Man spricht von der Kreativität mit einem kleinen k. Beim Kochen kann die Bereitschaft, neue Dinge auszuprobieren, genauso Wunder bewirken wie beim Sport oder beim Sex. Sowohl in der Küche wie auch auf dem Fußballplatz oder im Bett kann man einen mehr oder weniger großen Einfallsreichtum an den Tag legen. Dafür muss man kein außergewöhnliches Genie sein.[6] Lionel Messi mag eine Kreativität mit einem großen K instanziieren. Aber auch Stürmer in der Kreisklasse können durch überraschende Spielideen im Sinne einer kleingeschriebenen Kreativität glänzen.

Eine große Bedeutung kommt neuen Denkmustern auch bei der Bewältigung von Konflikten und beim Aushandeln von Kompromissen zu – und zwar sowohl im Privatleben als auch in der Politik. Die Kreativität ist also nicht auf die Hervorbringung von materiellen Objekten beschränkt. Auch Ideen, Gedanken und Geschichten können natürlich neu und überraschend sein. Schon die Wahrnehmung einer neuen Möglichkeit oder einer unerwarteten Handlungsoption kann für eine Person oder eine Gemeinschaft eine Neuigkeit bedeuten. Unter Umständen gewinnen wir auf diese Weise eine Vorstellung davon, wie wir uns den künftigen Lauf der Dinge vorzustellen haben.

Neue Ideen erweitern unseren Horizont. Sie helfen uns dabei, über den Tellerrand hinauszublicken und eine andere Einstellung gegenüber den Dingen einzunehmen. In der Welt der Tatsachen muss sich dabei nichts verändern. Doch der Blick, den wir auf Personen oder Ereignisse werfen, ist dann womöglich ein anderer geworden. Der Raum der Möglichkeiten hat sich vielleicht enorm erweitert, und schon ein neuer Blick auf die Dinge mag Wunder wirken.

Auch die Fähigkeit und Bereitschaft, eine andere Perspektive einzunehmen und die Dinge in einem neuen Licht zu sehen, muss man deshalb als eine Dimension der Kreativität bezeichnen. Aus einer neuen Deutung der Handlungsmotivation einer Person kann sich unsere Bewertung dieser Person und damit unsere Haltung ihr gegenüber geradezu dramatisch verändern.

---

[6] Weisberg (2020, 113 f. und 140 ff.).

Wir sind mit unserer Erläuterung des allgemeinen Begriffs der Kreativität noch nicht am Ende. Wenn „das Neue" nämlich ein Kernelement der Bedeutung unseres Begriffs bezeichnet, und wenn wir von einer Lust auf „Neues" sprechen wollen, so sollten wir diesem Begriff noch unsere besondere Aufmerksamkeit schenken.

Ob etwas neu ist, hängt zu einem großen Teil vom jeweiligen Kontext ab.[7] Einer bestimmten Person oder Gemeinschaft mag eine Sache neu erscheinen, die anderen Personen oder Gemeinschaften längst bekannt ist. Wir sollten daher mindestens drei verschiedene Bedeutungen der Kreativität als Hervorbringung von überraschenden Neuigkeiten unterscheiden.

Wenn eine Person etwas denkt oder tut, dann mag dieser Gedanke oder diese Handlung der betreffenden *Person* neu und überraschend erscheinen. Sie hat vielleicht noch nie daran gedacht, dass sie sich für eine Verletzung, die sie einer anderen Person zugefügt hat, entschuldigen könnte.

Wir würden aber nicht sagen, sie habe die Praxis des Entschuldigens als solche neu erfunden. Wir würden auch nicht sagen, sie sei die allererste Person, die sich bei einer anderen Person entschuldigt. Diese Praxis mag ihren Mitmenschen längst bekannt sein. Dennoch kann man diese Person als kreativ bezeichnen. Sie hat etwas Neues in die Welt gebracht, das sie selbst bisher nicht kannte.[8] Mit einer Entschuldigung und einer Versöhnung kann eine beschädigte Beziehung zu einer anderen Person – oder auch zu einer anderen politischen Gemeinschaft etwa nach einem Krieg[9] – wieder auf neue Grundlagen gestellt werden.

Wir können dieses Phänomen als personenbezogene Kreativität oder kurz als P-K bezeichnen. Wenn einer Person etwas als neu erscheint, gilt das nicht unbedingt auch für andere Personen. Denn nicht selten hängt der Neuigkeitswert einer Sache eben vom Kontext ab.

Vielleicht aber denkt oder handelt eine Person auf eine Art und Weise, die tatsächlich für alle anderen Mitglieder ihrer *Gemeinschaft* neu und überraschend ist. Sagen wir, eine Person erfindet das Rad, obwohl das Rad in anderen Gemeinschaften bereits bekannt ist. Dann können wir von einer gemeinschaftsbezogenen Kreativität oder G-K sprechen. Auch wenn es anderswo längst bekannt ist, kann die Erfindung des Rads für eine Gruppe von Menschen, die es bisher noch nicht kannte, eine große Innovation bedeuten. Wieder hängt hier der Neuigkeitswert dieser Erfindung von einem bestimmten Kontext ab.

---

[7] Sternberg (2022).
[8] Boden (2004, 43).
[9] Fabre (2016, 246 ff.).

1 Überraschungen

In einem dritten Sinn kann sich die Kreativität einer einzelnen Person oder einer besonderen Gruppe von Menschen auf die Hervorbringung von Gedanken oder Gegenständen beziehen, die der *Menschheit* insgesamt bisher nicht bekannt waren. Das Rad wurde zu einem bestimmten Zeitpunkt in der Geschichte das allererste Mal erfunden. Es gibt also so etwas wie eine absolute, von keinem Kontext abhängige Neuigkeit. In der einschlägigen Literatur wird diese Variante als historische Kreativität oder kurz als H-K bezeichnet.[10]

Auf die Frage, ob man der ersten Erfindung des Rads in der Geschichte einen höheren Wert beimessen sollte als den davon unabhängigen, nachfolgenden Entdeckungen des Rads, müssen wir an dieser Stelle keine Antwort geben. Das hängt von der schwierigen Frage ab, welchen Wert man der Hervorbringung von überraschenden Neuigkeiten ganz allgemein beimessen sollte.

Wichtig ist an dieser Stelle allein die Feststellung, dass die erste Erfindung des Rads (H-K) eine andere Art der Kreativität darstellt als die Hervorbringung von Gegenständen, die entweder nur für eine besondere Person (P-K) oder für eine besondere Gemeinschaft (G-K) neu und überraschend ist. Dabei ist P-K natürlich der umfassendste Begriff, wohingegen H-K den kleinsten Anwendungsbereich hat. Jede H-K und jede G-K wird immer auch von einer P-K begleitet, aber nicht jede P-K und nicht jede G-K sind notwendig auch H-K.

Werfen wir nun noch die Frage nach den denkbaren Kandidaten auf, denen wir die Eigenschaft der Kreativität zuschreiben wollen. Wer kann kreativ sein? Welchen Wesen würden wir die Fähigkeit und die Motivation zugestehen, etwas Neues hervorzubringen? Was sind die Kriterien für eine solche Zuschreibung? Nicht erst in der jüngeren Gegenwart lösen diese Fragen heftige Kontroversen aus, und ich möchte zumindest einen Überblick über mögliche Antworten und Argumente präsentieren.

Ein erster und relativ unstrittiger Kandidat für die Zuschreibung einer Disposition zur Kreativität ist eine Person. Einer Person kann man verschiedene Eigenschaften zuschreiben, die als Voraussetzung für die Hervorbringung von neuen und überraschenden Gegenständen angenommen werden dürfen: Eine Person besitzt ein Bewusstsein, sie kann autonom und absichtlich handeln. Sie kann darüber hinaus sprechen und zusammen mit anderen Personen über ihre Handlungsgründe im Lichte einer Wertorientierung nachdenken. Zudem kann man Personen Emotionen zuschreiben, die dann in einem engen Zusammenhang mit ihren Werterfahrungen stehen.

---

[10] Boden (2004, 43).

Gerade die Sprache muss als eine der wichtigsten Voraussetzungen für die Befriedigung der Lust auf Neues angesehen werden. Die Sprache ist darüber hinaus eines der wichtigsten Medien, in dem Neuigkeiten auch erst das Licht der Welt erblicken. „At the highest level of creativity", schreibt der Evolutionsbiologe Edward Wilson, „all human beings talk and sing and they tell stories."[11]

Die Kreativität einer Person besteht dann vor allem in einer Kombination eines Könnens mit einem Wollen, dem Zusammenspiel einer Fähigkeit und einer Bereitschaft, etwas Neues hervorzubringen. Ohne eine passende Motivation wird das bloße Können nicht ausreichen; umgekehrt wird auch der Wille, etwas Neues zu schaffen, nicht genügen, wenn er nicht in die Tat umgesetzt werden kann.[12]

Sehen wir uns kurz noch eine andere Möglichkeit an: Gott ist ein weiterer Kandidat für die Zuschreibung von kreativen Fähigkeiten. Es könnte sein, dass er die Welt und die Menschen erschaffen hat. Und es könnte sein, dass er bis heute Wunder in der Welt wirkt.

Die Annahme eines Schöpfergottes wirft einerseits allerdings das spezielle Problem auf, ob es möglich ist, die ganze Welt aus dem Nichts zu schaffen. Bedarf es dazu nicht – so wie das etwa Platon in seinem Dialog *Timaios* annimmt – bestimmter Dinge, die Gott selbst nicht erschaffen hat?[13] Gott ist dieser Vorstellung zufolge nicht allmächtig, im Unterschied zum Gott des Christentums kann Platons „Demiurg" (28a) die Welt nicht aus dem Nichts ins Dasein rufen. Der Schöpfer führte die Welt lediglich „aus der Unordnung in die Ordnung hinüber" (30a). Auf dieses schwierige Problem werden wir noch in anderen Kontexten stoßen.

Andererseits wissen wir nicht, ob Gott überhaupt existiert. Wir verfügen bis zum heutigen Tag über kein gesichertes Wissen über den Ursprung der Welt und des menschlichen Bewusstseins. Und auch die Wirklichkeit von Wundern ist, gelinde gesagt, nicht zweifelsfrei erwiesen. Die Frage lautet deshalb: Gibt es überhaupt einen Schöpfergott? Oder ist die Idee eines Gottes „nur" das Resultat eines schöpferischen Akts des Menschen? Da wir uns mit diesen Fragen auf das weite Feld der Theologie begeben, möchte ich sie ausklammern. Beschränken wir uns, selbst wenn wir die Existenz eines Wunder wirkenden Gottes nicht ausschließen können, auf die Betrachtung der Kreativität von irdischen Wesen.

---

[11] Wilson (2017, 27). Vgl. Harari (2017, 213 ff.); Gottschall (2021, 11 ff.); El Ouassil und Karig (2021, 81 ff.).
[12] Gaut (2018, 124).
[13] Steiner (2001, 61).

1 Überraschungen

Welche besonderen Eigenschaften von Personen sind die Voraussetzung dafür, dass wir ihnen eine Disposition zum kreativen Handeln zuschreiben können? An erster Stelle muss man die Autonomie oder die Freiheit nennen. Kreatives Handeln, so haben wir gesehen, bringt überraschende Neuigkeiten hervor. Aber nur wenn diese Neuigkeiten auf das freie Denken und absichtliche Handeln einer Person zurückzuführen sind, sprechen wir auch von Kreativität.[14]

Wenn das Wetter Kapriolen schlägt und es im Juni plötzlich schneit, mag das eine überraschende Neuigkeit sein. Von Kreativität sprechen wir an dieser Stelle aber deshalb nicht, weil wir keine absichtlichen Handlungen hinter den Zufällen der Natur vermuten. Die Freiheit im Denken und im Handeln ist also eine zentrale Bedingung für Kreativität. Ein kreatives Werk entsteht nur dann, wenn eine Person mit der Absicht handelt, etwas Neues zu schaffen, das ihr selbst wertvoll erscheint.

„Autonomie" und „Freiheit" sind natürlich schwierige Begriffe, und es ist in der Philosophie umstritten, wie sie zu verstehen sind. Ein klares Verständnis von Freiheit ist jedoch wichtig, weil erst damit eine Bestimmung der Reichweite des Begriffs der Person und damit auch des Begriffs der Kreativität möglich wird. Der Streit entzündet sich insbesondere an der Frage, ob man auch Künstlichen Intelligenzen eine Fähigkeit zur rationalen Überlegung und freien Entscheidung zuschreiben kann. Auf diese Frage werde ich in Kapitel 9 eingehen.

Gewiss: Man kann die Annahme ablehnen, wonach die Autonomie und das Bewusstsein als Voraussetzungen für Kreativität zu gelten haben. Dann könnte man auch biologische Prozesse als kreativ bezeichnen.[15] Der Mensch selbst und seine Fähigkeit zum freien Handeln dürfen dabei als eine der größten Überraschungen seit dem Urknall gelten. Kann also die Evolution kreativ sein? Ist die Entstehung des Menschen das unbeabsichtigte, zufällige Resultat eines schöpferischen Aktes der unbewussten Natur?

Die Bestimmung von Begriffen steht uns in gewissen Grenzen immer frei, und wir können den Begriff „Kreativität" natürlich so verwenden, wie er uns am zweckmäßigsten erscheint. Das hat nichts mit reiner Willkür zu tun. Es gibt hier keine unumstößlichen Gesetze, und die Philosophie ist ja keine Denk- oder Sprechpolizei. Bei der Klärung von Begriffen geht es in erster Linie nicht um Verbote oder Gebote, sondern um eine Abwägung von Vor- und Nachteilen.

---

[14] Weisberg (2006, 60 f.); Boden (2014, 233 f.); Gaut (2018, 130).
[15] Boden (2018b, 182 f.).

Deshalb ist es auch nicht *verboten,* Kreativität in einem weiten Sinn zu verwenden und zu verstehen. Dennoch erscheint es mir aus verschiedenen Gründen *vorteilhafter,* den Gebrauch des Begriffs der Kreativität auf den Bereich des Überlegens und freien Handelns von Personen zu begrenzen.

Wir schreiben den Resultaten kreativen Handelns etwa in den Wissenschaften oder in der Kunst und in der Lebensführung oft einen hohen Wert zu. Wir loben die betreffende Person, weil wir ihr von einer besonderen Verantwortung und einem besonderen Verdienst für diese Resultate überzeugt sind. Wir sind ganz allgemein der Auffassung, dass Kreativität eng mit den Fähigkeiten zum vernünftigen Überlegen und absichtlichen Handeln zusammenhängt. Die Evolution ist dagegen das Ergebnis von zufälligen Selektionen im Kampf ums Überleben. Daher erscheint es sinnvoll, Kreativität zunächst als eine Fähigkeit von vernunft- und sprachbegabten Lebewesen anzusehen.

Fassen wir zusammen: Kreativität hat wesentlich etwas mit der Hervorbringung von überraschenden Neuigkeiten zu tun. Die Welt, in der wir leben, wandelt sich ständig, und mithilfe unserer kreativen Fähigkeiten können wir selbst die Initiative ergreifen und Veränderungen in die Wege leiten. Kreativität ist deshalb wesentlich mit unserem Vermögen zur freien Lebensgestaltung einerseits und mit unserer Praxis der gegenseitigen Zuschreibung von Verantwortung andererseits verknüpft.

Wir werden zu einem späteren Zeitpunkt noch darüber nachdenken müssen, wie wir genau unsere eigene Freiheit und unsere Verantwortung gegenüber anderen Menschen verstehen wollen. An dieser Stelle ist zunächst die Einsicht entscheidend, dass unsere kreativen Fähigkeiten es erlauben, unser Leben in die Hand zu nehmen und die Welt womöglich zu einem besseren Ort zu machen.

Wir haben im Laufe dieses ersten Kapitels eine Reihe verschiedener Varianten der Kreativität kennengelernt. Wir haben die Frage aufgeworfen, wer die Kandidaten für die Zuschreibung von Kreativität sind. Dabei haben wir gesehen, dass Kreativität meist eng mit unserer Fähigkeit zum Denken und zum Sprechen verknüpft ist.

Nach diesen Vorüberlegungen sollten wir uns nun der Frage zuwenden, wie man sich die Entstehung von Neuigkeiten erklären kann. Lässt sich die Kreativität auf das Eingreifen höherer Mächte zurückführen? Kann man sie mit chemischen Prozessen im Gehirn gleichsetzen? Oder gibt es noch eine dritte Option?

Menschenwerk 2

Personen sind kreativ, wenn sie neue, überraschende Ideen entwickeln und diese Ideen in ihrem Handeln oder in ihren Werken wirklich werden lassen. Damit haben wir eine erste Annäherung an den Begriff der Kreativität gewonnen. Wir werden die Arbeit an diesem Begriff im nächsten Kapitel fortsetzen müssen. Dort wird es um die Frage gehen, ob die Resultate von kreativer Tätigkeit immer gut oder wertvoll sind. Wenden wir uns jetzt noch einer Reihe von Fragen zu, die im Zentrum einer philosophischen Untersuchung des Phänomens der Kreativität stehen müssen.

Wie kann man sich diese Fähigkeit erklären? Wie kann es überhaupt geschehen, dass Personen etwas Neues in die Welt setzen? Welche psychischen und sozialen Voraussetzungen sind zur Entwicklung und Ausübung dieser Fähigkeit notwendig? Kann man sie erlernen? Oder muss man die Kreativität als ein Mysterium bezeichnen, dessen Ursprung immer ein Geheimnis bleiben wird? Vielleicht lässt sich die Entstehung dieser Fähigkeit letzten Endes auf die Evolution zurückführen? Stellt die Kraft zum Neuen einfach nur einen Vorteil im Kampf ums nackte Überleben einer Spezies dar? Ist der Drang zum Neuen zu guter Letzt also nur eine banale, natürliche Tatsache? Oder versteckt sich hinter diesem Bedürfnis eine rational nicht zu fassende, übernatürliche Gabe?

Die Wahrheit, so meine These, ist in der Mitte zwischen diesen beiden Extremen angesiedelt. Wir haben es weder mit einem überirdischen Mysterium noch mit einem banalen Überlebensvorteil zu tun. Wir sollten unsere Schöpferkraft als ein prosaisches Phänomen jenseits von romantischen Spekulationen und naturalistischen Reduktionen verstehen. Kreative Innovationen sind meiner Auffassung nach, letztlich als Werke von Menschenhand zu betrachten.

Aber sehen wir uns zunächst zwei diametral entgegengesetzte Optionen zur Erklärung der Kreativität an, die jeweils eine lange Geschichte haben und bis heute in den einschlägigen Debatten anzutreffen sind: die platonisch-romantische Auffassung auf der einen und die reduktionistisch-naturalistische Auffassung auf der anderen Seite.

Auf Platon geht die Vorstellung zurück, dass der kreative Poet von Göttern besessen ist. In seinem Frühdialog *Ion* (534b-c) heißt es: „Denn ein leichtes Wesen ist ein Dichter und geflügelt und heilig, und nicht eher vermögend zu dichten, bis er begeistert worden ist und bewusstlos und die Vernunft nicht mehr in ihm wohnt. ... Wie sie nun nicht durch Kunst dichtend vieles und schönes über die Dinge sagen ...., sondern durch göttliche Schickung: so ist nun deshalb Jeder nur dasjenige schön zu dichten vermögend, wozu die Muse ihn antreibt."

Es könne, so der griechische Philosoph, keinen Zweifel geben, „daß diese schönen Gedichte nicht menschliches sind und von Menschen, sondern göttliches und von Göttern, die Dichter aber nichts sind als Sprecher der Götter". Der Künstler ist dieser Auffassung zufolge von einem Wahn besessen.[1] Die Fähigkeit zur Neuschöpfung wird von Platon als eine Kraft verstanden, die eine Geistesstörung voraussetzt und nichts mit einem Vermögen zur Ausführung von selbstbestimmten Plänen zu tun hat.

Auch in der Romantik wird der Ursprung kreativen Schaffens in einer Fähigkeit verortet, die sich einer rationalen Erklärung entzieht und deren Ausübung keine Überlegung oder Planung voraussetzt. Die Willkür der Natur hat manche Menschen mit Eigenschaften ausgestattet, die sie zu gottähnlichen Genies machen. Sie unterscheiden sich darin radikal vom Rest der Menschen und sehen sich gleichsam gezwungen, überraschende Neuigkeiten in die Welt zu setzen, ohne dabei irgendwelche Regeln zu befolgen.

Immanuel Kant kann als einer der Urheber dieser romantischen Tradition angesehen werden. Er bezeichnet das Genie in seiner *Kritik der Urteilskraft* (§ 46) als ein „Talent (Naturgabe), welches der Kunst die Regel gibt". Dieses Talent sei ein „angeborenes, produktives Vermögen des Künstlers". Das Genie besitze ein Talent, „dasjenige, wozu sich keine bestimmte Regel geben läßt, hervorzubringen". Die Kunst ist Kant zufolge daher „nur als Produkt des Genies möglich".

Dieser Auffassung zufolge liegt der Ursprung der künstlerischen Kreativität in einer höheren, geistigen Natur. Und auch in diesem Fall wäre die Entfaltung der Kreativität der menschlichen Kontrolle und Förderung entzogen. Die Verteilung von kreativen Fähigkeiten unter den Menschen wäre nur ein Resultat des blinden Zufalls der Natur.

---

[1] Steiner (2001, 56 ff.).

2 Menschenwerk

Für diese romantischen Positionen werden oft zwei Argumente angeführt: Zum einen wird behauptet, die Kreativität sei ein mysteriöser Prozess, der keiner rationalen Erklärung etwa durch eine Befolgung von Regeln zugänglich ist. Deshalb müsse man einen irrationalen Ursprung dieser Fähigkeit annehmen. Zum anderen beruft man sich auf die unmittelbare Introspektion schöpferischer Menschen.[2] Viele Künstler sprechen selbst von einem Gefühl, von einer fremden, überirdischen Macht ergriffen oder von einer unerklärlichen, inneren Kraft angetrieben zu sein. Ihre schöpferischen Akte, so ihre Selbstwahrnehmung, seien nicht mit einer bewussten Befolgung von Regeln gleichzusetzen.

Diese beiden Argumente lassen sich, so meine ich, widerlegen. Zum einen ist es falsch, dass uns keine plausible irdische Erklärung für die Ausübung kreativer Fähigkeiten zur Verfügung stünde. Es gibt inzwischen eine ganze Reihe von alternativen Antworten auf die Frage, wie das Neue das Licht der Welt erblicken kann. Zum anderen kann man die Autorität der Introspektion infrage stellen. Ein Künstler mag tatsächlich den Eindruck haben, von einer fremden Macht ergriffen zu sein. Doch Gefühle führen nicht selten in die Irre, und natürlich kann sich auch ein schöpferisch tätiger Mensch gewaltig täuschen.

Richtig ist allerdings, dass man eine *Korrelation* einer moderat ausgeprägten Psychopathologie mit schöpferischen Kräften beobachten kann. Menschen an den beiden Enden des Spektrums – mit einer entweder ganz gering oder sehr stark ausgeprägten pathologischen Veranlagung – sind demnach weniger kreativ.[3]

Das bedeutet: Ein durch und durch konformistischer, „normaler" Mensch wird in der Regel keine besonders kreativen Neigungen an den Tag legen. Er kann sicherlich ein vollkommen glückliches Leben führen. Er kann seine Familie lieben, er kann einer sinnvollen Tätigkeit in seinem Beruf nachgehen, und er kann in seiner Freizeit mit großer Freude gärtnern und wandern. Nur hat er eben kein großes Interesse daran, irgendetwas an den Gebräuchen und Gewohnheiten zu ändern, die vielleicht schon seine Eltern und Großeltern praktiziert haben. Dieser Mensch ist in psychischer Hinsicht vollkommen gesund, nur durch eine große Lust auf Neues wird er eben nicht auffallen.

Ein entgegengesetzter Fall kann uns in einer psychiatrischen Klinik begegnen. Ein Patient hat vollständig den Verstand verloren und hält sich für Ludwig van Beethoven. Der Patient klimpert den ganzen Tag auf einem Klavier herum und kritzelt Noten auf das Papier. Nehmen wir zusätzlich an, dass er auch in sozialer Hinsicht ein schwieriger Fall ist. Er hat keine Freunde, und seine Familie kann

---

[2] Boden (2004, 256 ff.).
[3] Lehmann (2018, 58 f.); Weisberg (2020, 293).

ihm nicht mehr helfen. Selbst wenn dieser Mann einen zufriedenen Eindruck machen sollte – schließlich meint er, er komponiere Sonaten –, wird man ihn doch bedauern müssen. Als besonders glücklich wird man ihn nicht ansehen, und auch als kreativ wird er uns natürlich nicht erscheinen.

Der echte Beethoven ist nun weder mit unserem angepassten Konformisten noch mit unserem verrückten Patienten zu verwechseln. Der weltberühmte Komponist war sicherlich ein Nonkonformist, und er scheint kein besonders glückliches Leben geführt zu haben. Doch er war eben kein Fall für die Psychiatrie. Beethoven mag zwar ein schwieriger Zeitgenosse gewesen sein. Aber er konnte sich mit anderen Menschen verständigen und hat eine große Anzahl von außergewöhnlich originellen Werken komponiert.

Wir halten fest: Ein kleiner Schuss Wahn und Raserei geht oft mit den kreativen Kräften eines Menschen einher. Auch die schlechte Laune – die man womöglich als eine milde Ausprägung von Psychopathologie bezeichnen kann – scheint übrigens für die Hervorbringung von innovativen Ideen förderlich zu sein.[4] Einer Person, der es gut geht und die mit ihrem Leben zufrieden ist, verspürt ja gar keine Veranlassung, etwas zu verändern. Und sie wird Überraschungen zudem eher als unangenehm empfinden.

Nur ein Mensch, dem etwas fehlt und der unter seinen Umständen leidet, hat einen guten Grund, etwas Neues zu versuchen. Je mieser die Laune, so könnte man (von einigen Ausnahmen absehend) sagen, desto größer ist der Wunsch nach Veränderung. Eine gewisse *Korrelation* von Psychopathologie und Schöpferkraft darf man also annehmen.

Doch eine Korrelation bedeutet keine *Kausalität*! Kontrovers diskutiert bleibt aus diesem Grund die Frage, ob eine pathologische Verfassung tatsächlich die *Ursache* oder vielleicht nicht eher die *Wirkung* einer kreativen Lebenspraxis ist. Die Zusammenhänge zwischen mentalen Krankheiten und produktiver Schöpfungskraft sind jedenfalls kompliziert: Es ist gut möglich, dass es eine guten Schuss Exzentrik für eine kreative Tätigkeit braucht; vielleicht aber führt umgekehrt eine intensive und länger andauernde Schaffensphase einfach zum Verlust dessen, was man den gesunden Menschenverstand nennt.

Gleichzeitig ist bekannt, dass schöpferische Tätigkeiten erfolgreich für therapeutische Zwecke eingesetzt werden und zur Heilung von psychisch kranken Menschen beitragen können.[5] Könnte unser Patient „Beethoven" nicht vielleicht mit einem Töpferkurs auf andere, bessere Ideen gebracht werden?

---

[4] Lehmann (2018, 189 ff. und 230).
[5] Jung (1990, 117 f.); Abraham (2018, 89); Weisberg (2020, 315).

2 Menschenwerk

Normalerweise setzt die Kreativität von Wissenschaftlern und Künstlern jedenfalls einen langen Prozess der Vorbereitung und der Anstrengung voraus.[6] Überraschungen brauchen manchmal ihre Zeit, die Hervorbringung von Neuem hat oft eine längere Dauer der Inkubation. Der Dirigent Eliot Gardiner schreibt über Johann Sebastian Bach: „Stülpen wir Bach ein göttergleiches Bild über, so verstellt uns das den Blick auf seine künstlerischen Kämpfe, und wir hören auf, in ihm einen Musikhandwerker par excellence zu sehen."[7] Auch etwa die Beatles durchliefen einen längeren Prozess der Reifung, bevor sie ab Mitte der 60er Jahre mit *Rubber Soul, Sgt. Pepper's Lonely Hearts Club Band* und *Abbey Road* ihre Meisterwerke vorlegten.[8]

Gewiss: Es mag ein äußerer oder innerer Anstoß notwendig sein, der wie ein Funke die kreative Explosion auslöst. Dennoch wäre es ein kapitaler Fehler, menschliche Kreativität auf diesen einen Moment zu reduzieren. Sonst dürfte man die vorbereitenden Schritte, die Umwege, die langen Phasen der Entwicklung einer Idee nicht zu einem sich teilweise über Jahre, Jahrzehnte und Jahrhunderte erstreckenden, kreativen Prozess zählen. Dabei sind diese Elemente doch unverzichtbare Bestandteile eines Vorgangs, der tatsächlich etwas Neues hervorbringt.

Wie kann man sich die fehlerhafte Selbsttäuschung mancher Genies erklären? Warum ist die Annahme so weit verbreitet, eine neue Idee sei das Resultat einer überraschenden und unvorbereiteten Eingebung? Gut vorstellbar, dass ein Wunsch nach Selbsterhöhung und eine gewisse Überheblichkeit hinter dieser Annahme stecken. Der platonischen Auffassung zufolge kann sich der Künstler ja als ein Mensch verstehen, der einen besonderen Umgang mit den Göttern pflegt. Die romantische Theorie erlaubt es dem schöpferischen Genie, sich als ein mit bestimmten Privilegien ausgestatteter Günstling der Natur zu sehen – so wie der junge Mozart im Film *Amadeus* von Miloš Forman.

Diese Überlegungen können und sollten uns aber dazu veranlassen, die Autorität der Introspektion anzuzweifeln. Man kann, mit anderen Worten, das Bedürfnis, einen neuen Einfall auf die Eingebung eines Moments zurückzuführen, gut verstehen. Eine gewisse Verantwortungslosigkeit ist dabei auch im Spiel; die betreffende Person kann sich fast schon als „Opfer" eines Vorgangs betrachten, an dem sie aktiv nicht beteiligt ist. Wenn wir die Annahme, Kreativität entspringe

---

[6] Weisberg (2006, 31 und 38); Johnson (2011, 77 f.).
[7] Gardiner (2016, 28).
[8] Weisberg (2006, 218 ff.; 2020, 185 ff.).

spontanen Einfällen, also gut erklären können, so sind diese *Erklärungen* der *Genese* doch keine *Rechtfertigungen* für die *Geltung* dieser Annahme. Im Gegenteil, diese Erklärungen machen den Fehler hinter einer solchen Annahme nur umso deutlicher.

Gegen die platonisch-romantische „Erklärung" der Kreativität spricht nicht zuletzt die Annahme, dass das Neue nach allgemeiner Überzeugung auf das Handeln von autonomen Personen zurückzuführen ist. Hätte die Kreativität einen göttlichen oder natürlichen Ursprung, so würde das einem elementaren Bestandteil unserer Praxis der hohen Wertschätzung von schöpferisch tätigen Personen widersprechen.

Kreative Werke wären gar keine echten Leistungen von Personen, für die sie ein besonderes Lob verdienen. Der erfolgreiche Künstler dürfte für sich selbst gar keinen besonderen Ruhm in Anspruch nehmen. Als überzeugter Anhänger einer platonischen Theorie müsste er eigentlich jede Wertschätzung, die ihm von anderen Personen entgegengebracht wird, entrüstet zurückweisen und sie an den wahren Urheber seiner innovativen Werke weiterreichen.

Aus den genannten Gründen erfährt die platonisch-romantische Auffassung nun auch starken Gegenwind aus einem reduktionistisch-naturalistischen Lager.[9] Deren Vertreter betrachten die gerade genannten Erklärungsversuche mit großer Skepsis. Dabei versammeln sich in diesem Lager unterschiedliche Theorieansätze, die von der Evolutionsbiologie über die Gesellschaftstheorie und Psychoanalyse bis hin zu den Neurowissenschaften reichen. Gemeinsam ist ihnen der Versuch, das Phänomen der Kreativität zu entzaubern und auf den Boden einer nüchternen, kausalen Theorie zu stellen. Während Platon und die Romantiker eigentlich nur eine Beschreibung des unerklärlichen Zaubers dieser Fähigkeit vornehmen, arbeiten die Naturalisten daran, das Wunder der Hervorbringung überraschender Neuigkeiten aus der Welt zu schaffen.

Für den Evolutionsbiologen gilt die Fähigkeit zur Kreativität als ein wichtiger Trumpf im erbarmungslosen Kampf ums Überleben. Der Pfau zeigt sein prachtvolles Federkleid, um potenziellen Partnern seine besondere Fitness unter Beweis zu stellen. Er kann es sich leisten, sich – über das nackte Überleben hinaus – auch um seine Schönheit zu kümmern. Genauso setzen kreative Menschen überraschende Werke in die Welt, um auf diese Weise (wie die Pfauen) ihre Fitness zu demonstrieren. Und natürlich schützt uns die Kreativität gegen viele Gefahren und Risiken. Die Freude am Neuen erscheint aus dieser Perspektive als das Resultat einer sich über mehrere Millionen Jahre erstreckende Selektion von

---

[9] Boden (2004, 14 ff.).

2 Menschenwerk

Fähigkeiten, die für das Überleben und die Verbreitung der eigenen Gene vorteilhaft sind.[10]

Der Gesellschaftstheoretiker erklärt die Erfindung der Kreativität mit den spezifischen Ansprüchen, die die moderne Gesellschaft an das Individuum stellt. Die allgegenwärtige Erwartung, kreativ zu sein, gibt den Menschen die Möglichkeit, sich als freie und authentische Individuen zu verstehen. Sie ordnen sich auf diese Weise nur umso geräuschloser und bereitwilliger den Imperativen einer auf die maximale Wertschöpfung ausgerichteten Wirtschaft unter. Dieser Mechanismus ist ihnen dabei meist selbst nicht bewusst. Ja, er darf ihnen auch nicht bewusst sein, denn sonst würde er gar nicht funktionieren. Kreativität kann aus dieser Perspektive gleichsam als Getriebeöl des spätkapitalistischen Systems verstanden werden. Der Soziologe Andreas Reckwitz spricht in diesem Zusammenhang von einem „ästhetischen Kapitalismus", dessen Institutionen unter einem „Imperativ permanenter Innovation" stehen.[11]

Man darf an dieser Stelle indes nicht kurzsichtig sein. Der Schöpfergeist des Menschen wurde schließlich nicht vom Kapitalismus entdeckt und in den Dienst genommen! Ihre Vorläufer hat dieses „Faible" für das Neue, wie der Literaturwissenschaftler Steffen Martus schreibt, bereits im Humanismus und in der Renaissance. „Gerade um 1700 florierten die *novitas*-Traktate. ... Es fiel ... zunehmend auf, dass einige Menschen nicht nur ein mehr oder weniger großes Interesse für das Neue, sondern eine richtiggehende ‚Neusüchtigkeit' ausprägten."[12]

Schon Platon war das kreative Potenzial des Menschen natürlich ein Begriff, ohne dass er an die speziellen Erfordernisse kapitalistischer Systeme gedacht hätte. Und bereits der griechische Historiker Thukydides (*Peloponnesischer Krieg* III. 38) macht sich (noch vor Platon) über die Neuigkeitssucht der Athener lustig; er wirft ihnen vor „von neumodisch tönenden Reden euch täuschen zu lassen, darin seid ihr Meister, und den alt bewährten die Gefolgschaft zu verweigern, Sklaven der jeweils aktuellen Torheit, Verächter des Gewohnten".

Aus einem psychoanalytischen Blickwinkel erscheint die Kreativität wiederum als Ergebnis eines innerpsychischen Konflikts verschiedener Triebe eines Menschen. Der Künstler hat mit seiner schöpferischen Tätigkeit etwa die Möglichkeit, Traumata aus der Kindheit zum Ausdruck zu bringen und zu verarbeiten; und die Forschungsarbeit eines Wissenschaftlers kann als Ersatz für das

---

[10] Wilson (2012, 85 ff. und 268 ff.).
[11] Reckwitz (2012, 10 ff.). Vgl. Mould (2018, 9 f.); Volland (2018, 86 ff.).
[12] Martus (2015, 29).

Ausleben des Sexualtriebs verstanden werden.[13] Kunstwerke können auch die Widersprüche zwischen den inneren Wünschen und Hoffnungen des Schöpfers und den äußeren, sozialen Erwartungen und Zwängen artikulieren. Die Erklärung von schöpferischer Aktivität muss also nicht bei der Annahme eines göttlichen Einflusses Zuflucht nehmen. Es könnte sich „nur" um eine Ersatzbefriedigung, um die Sublimation des Sexualtriebs handeln.

Von einer neurologischen Warte aus gesehen kann man die Hervorbringung neuer Werke dann als beobachtbare Prozesse in bestimmten Arealen des menschlichen Gehirns beschreiben. So wurde in jüngerer Zeit der dorsolaterale präfrontale Cortex als „Grundlage der Offenheit für neue Erfahrungen"[14] identifiziert. Anscheinend trägt das Dopaminsystem zur Unterstützung dieser Offenheit für Neues und einer flexiblen Verarbeitung von Informationen bei.[15]

Ich möchte diese naturalistischen Ansätze n dieser Stelle keiner grundsätzlichen Kritik unterziehen. Die genannten Theorien mögen jeweils sogar ein großes Körnchen Wahrheit enthalten. Kreative Menschen können wahrscheinlich tatsächlich einen Vorteil im Wettbewerb um attraktive Partner verbuchen; sie kommen womöglich auch besser mit den Ansprüchen und Erwartungen der spätkapitalistischen Gesellschaft zurecht; und sie können in ihren Werken vielleicht ihre unterdrückten oder verdrängten Triebe artikulieren und ausleben. Diese Erklärungen schließen sich zudem nicht aus!

Die offene Frage lautet in meinen Augen lediglich, ob wir mit diesen Vorschlägen wirklich eine umfassende und erschöpfende Erklärung unseres kreativen Vermögens besitzen. Daran habe ich meine Zweifel, und ich denke nicht, dass man die zur Verklärung neigende Innenperspektive des schöpferischen Menschen durch die reduktionistische Perspektive von Evolutionsbiologen, Soziologen oder Psychoanalytikern vollständig ersetzen kann.

Wenn wir das Vermögen zur Kreativität lediglich als eine bloße Funktion eines (sozialen oder biologischen) Systems verstehen, so laufen wir Gefahr, einen wichtigen Aspekt unserer Lust am Neuen zu übersehen. Das Hervorbringen überraschender Neuigkeiten dient schließlich nicht in allen Fällen zur Stabilisierung eines Systems. Die Kreativität veranlasst den Menschen oft auch zum Zweifel am Wert und an der Legitimität mancher Systeme.

---

[13] Freud (1987, 104 ff. und 152 ff.).
[14] Lehmann (2018, 41). Vgl. Abraham (2018, 106 ff.).
[15] Abraham (2018, 243); Lehmann (2018, 42 ff.).

2 Menschenwerk

Kreative Ideen können auch dazu beitragen, das kapitalistische Profitstreben in Frage zu stellen; sie können uns dazu bringen, das Recht des Stärkeren (oder des Schönsten) im Kampf um das nackte Überleben anzuzweifeln; und sie haben in vielen Fällen einen Beitrag zu einer radikalen Kritik an der kulturellen Unterdrückung der sexuellen Bedürfnisse und Wünsche des Menschen geleistet.

Diese reduktionistischen Ansätze mögen also sicher einen wichtigen Beitrag zur Entzauberung von Genies und zur Anerkennung einer allen Menschen zugänglichen Fähigkeit leisten. Aber unserem Verständnis von Kreativität, die eine Aktivität freier Personen beinhaltet und ein Gegenstand von Wertschätzung, Lob und Kritik werden kann, werden auch sie nicht vollständig gerecht.

Wir sind nicht durch biologische, soziale oder innerpsychische Gegebenheiten determiniert. Wir sind nicht dazu gezwungen, das Neue in die Welt zu bringen: Der demokratische Rechtsstaat ist nicht nur ein Vorteil im Kampf ums Überleben; die Erkenntnisse der Wissenschaften dienen nicht einfach nur zur Stabilisierung von politischen Herrschaftsverhältnissen, die den Menschen unterdrücken und ausbeuten; und ein expressives Kunstwerk lässt sich nicht nur als Ausdruck einer Neurose, als das Ergebnis einer Verdrängung des Sexualtriebs verstehen.[16] Auf sehr selbstreflektierte Art und Weise räumt daher sogar der Schweizer Psychiater Carl Gustav Jung ein: Der „goldene Schein höchsten Schaffens"[17] erlischt, unterwirft man ihn einer solchen kausalistischen Erklärung.

Wir sind vielmehr der Überzeugung, uns innerhalb gewisser Grenzen frei zu schöpferischen Tätigkeiten entscheiden zu können. Wir sind weiterhin der Überzeugung, den Wert der Resultate unserer schöpferischen Fähigkeiten nach Wertmaßstäben beurteilen zu können, die über bloße wirtschaftliche, politische oder psychische Funktionen hinausgehen. Eine mehr oder weniger erfolgreiche Sublimierung des Sexualtriebs oder die gelungene Überwindung des Ödipus-Komplexes sind nicht die maßgeblichen Kriterien, anhand derer wir den Wert seines Werks beurteilen.

Das ist der Kern meiner *humanistischen* Theorie der Kreativität, die sich sowohl gegen mysteriös-romantische Überhöhungen als auch gegen naturalistische Reduktionen der menschlichen Lust auf Innovationen wendet.

Die Kreativität ist dieser Auffassung zufolge eine kognitive Fähigkeit des Menschen, die teils bestimmte Begabungen voraussetzt, teils aber auch erlernbar ist und trainiert werden kann. Ihre Ausübung ist ein Ergebnis der freien, auto-

---

[16] Jung (1990, 77 f.).
[17] Jung (1990, 79).

nomen Entscheidung von Personen; und sie ist das Resultat einer Verwendung ganz und gar gewöhnlicher Fähigkeiten.[18] Im Prinzip kann sie deshalb auch von allen Menschen erworben, kultiviert und ausgeübt werden. Das Neue ist ein Werk von Menschen. Es wird durch unser Hirn ersonnen, und es wird durch unser Herz und unsere Hände in die Welt gesetzt.

Wir alle können uns überlegen, ob wir auch in Alltagssituationen kreativ handeln wollen, ob wir uns für etwas Neues entscheiden oder uns doch lieber weiter in den gewohnten Bahnen bewegen wollen. Für beide Entscheidungen gibt es selbstredend gute Gründe. Das Neue ist nicht unbedingt immer besser als das Alte. Über den Wert der Kreativität müssen wir uns daher im nächsten Kapitel noch einmal separat Gedanken machen!

Der Vorteil der hier vertretenen humanistischen Auffassung besteht jedenfalls darin, dass die Verteilung eines Vermögens zur Kreativität nicht auf eine kleine Elite von Menschen beschränkt ist. Manche Menschen sind mit einer größeren Kapazität zur Kreativität ausgestattet als andere. Doch grundsätzlich können alle Menschen diese Fähigkeit erwerben und zur Entfaltung bringen.

Es geht nicht um eine Frage des Alles oder Nichts, es handelt sich um ein Mehr oder Weniger. Kreativität kann man groß schreiben, und dann haben wir es mit bedeutenden Werken von Staatsgründern, Künstlern und Wissenschaftlern zu tun. Man kann Kreativität auch klein schreiben und an den Einfallsreichtum der „gewöhnlichen" Menschen bei der Gestaltung ihres Alltags denken.

Entgegen der Auffassung der Romantiker ist Kreativität also nicht das Ergebnis einer unerklärbaren Inspiration von besonderen Genies. Und entgegen der Annahme von Naturalisten erfüllt die Kreativität nicht nur bestimmte Zwecke in biologischen, sozialen oder psychischen Prozessen. In unserem Selbstverständnis kommen ihr besondere Werte zu, die über die Erfüllung bestimmter Funktionen hinausreichen. Eine Antwort auf die Frage, welche Werte das sind, gebe ich im nächsten Kapitel.

---

[18] Boden (2004, 261); Weisberg (2006, 104 ff.).

Licht und Schatten 3

Fast jeder sieht sich heute von allen Seiten mit der Aufforderung konfrontiert, neue Perspektiven einzunehmen und originelle Lösungen für Probleme zu finden. Die Forderung nach Kreativität ist in unserer Gesellschaft quasi omnipräsent geworden. Schon im Kindergarten werden die Kinder dafür gelobt, wenn sie kreativ sind. Und die Bewohner von Seniorenheimen werden dazu animiert, ihre Zeit mit schöpferischen Tätigkeiten zu verbringen.

Die Erwartungen anderer Menschen werden nicht selten internalisiert und zu Ansprüchen, die wir an uns selbst stellen. So wird das Ideal der Originalität zu einer inneren Triebfeder der Menschen: Der Soziologe Andreas Reckwitz beobachtet: „Man *will* kreativ sein und *soll* es sein."[1] Die Forderung nach mehr Kreativität ist zu einem neuen kategorischen Imperativ avanciert – und könnte zur Entstehung einer neuen Variante des Konformismus beitragen. Die Lust am Neuen ist heute gleichsam zu einem allgemeinen Gesetz geworden. Die Etablierung einer neuen Innovationskultur ist das Gebot der Stunde.

Die ubiquitäre Anstrengung, etwas Besonderes und Unverwechselbares aus seinem Leben zu machen, könnte allerdings in eine neue Gleichförmigkeit münden. Um die eigene Exzentrizität an den Tag zu legen, bliebe unter solchen Umständen paradoxerweise nur mehr der bewusste Verzicht auf die Ausbildung einer singulären Lebensform und womöglich eine selbstironische, innerlich distanzierte Anpassung an die vorherrschenden Verhältnisse. Ein Konformist muss sich ja nicht allzu ernst nehmen.

Aber ich schweife ab. Kehren wir zu unserem eigentlichen Thema zurück: Gibt es gute Gründe für diesen allgegenwärtigen Imperativ? Woher kommt die

---

[1] Reckwitz (2012, 10; Hervorh. i. O.).

weit verbreitete Wertschätzung der Kreativität? Ist der kreative Mensch nur ein nützliches Rädchen im Getriebe der modernen Gesellschaft, die uns mit einer krankhaften Sucht zum Neuen infiziert und dabei der Selbstausbeutung Vorschub leistet? Birgt die Liebe des Neuen nicht auch besondere Gefahren? Bedarf es in der idealen Gesellschaft womöglich gar keiner Kreativität? Könnten wir nicht ohne das Neue ein gutes und glückliches Leben führen?

Auch der psychische und soziale Nutzen von Innovationen lässt sich infrage stellen: Kommt der originelle Mensch wirklich besser mit seinen inneren Konflikten zurecht? Dienen überraschende Neuigkeiten allein der Steigerung des Bruttosozialprodukts? Lässt sich der Wert kreativer Fähigkeiten tatsächlich aus ihren sozialen oder psychischen Funktionen ableiten? Erschöpft sich ihre Bedeutung in ihrem Beitrag zur wirtschaftlichen Prosperität oder zur Realisierung eines ausgeglichenen Seelenhaushalts?

Ist die Kreativität über ihre bloße Nützlichkeit hinaus nicht auch von eigenständiger Bedeutung? Und worin könnte eine solche Bedeutung bestehen?

Diese Fragen habe ich in meinen bisherigen Überlegungen zum Begriff und zum Ursprung der Kreativität ausgespart. Da ihnen neben der Klärung des Begriffs und der Exploration der Varianten der Kreativität eine besondere Relevanz zukommt, möchte ich sie in diesem Kapitel gesondert beantworten. Dabei werden wir sehen, dass die Frage nach dem Wert von Kreativität in einem engen Zusammenhang mit deren Begriff und deren Ursprüngen steht.

Von vielen Autoren wird nämlich der Wert einer überraschenden Neuigkeit als ein unverzichtbares Element von Kreativität angesehen.[2] Wirklich kreativ ist eine Person nur dann, so die populäre These, wenn ihre Werke nicht nur *neu,* sondern in irgendeiner Hinsicht auch *gut* oder *wertvoll* sind. Da es, wie Kant in seiner *Kritik der Urteilskraft* (§ 46) schreibt, „auch originalen Unsinn geben kann", könne man denjenigen, der diesen Unfug in die Welt setze, nicht kreativ nennen. Der Wert eines Produkts ist dieser Auffassung zufolge ein integraler Bestandteil für dessen Kreativität, wertlose Dinge wird wirklich schöpferisches Handeln demzufolge niemals hervorbringen.

Gegen diese Auffassung kann man freilich den Einwand erheben, dass zum Beispiel auch Folterknechte ein hohes Maß an Kreativität aufbringen können. Als gut oder wertvoll wird man deren Tätigkeit kaum bezeichnen wollen – auch wenn sie eine große Phantasie bei der Erfindung raffinierter Instrumente und Methoden an den Tag legen. Auch Kriegsverbrecher und Terroristen, Erpresser und Bankräuber – um von Bankern, die riskante Finanzderivate erfinden, gar nicht zu reden

---

[2] Weisberg (2020, 46).

3 Licht und Schatten

– wird man als mehr oder weniger kreativ ansehen können.³ Sogar langweiliger Unsinn kann das Resultat einer höchst kreativen Tätigkeit sein, die etwas Überraschendes und Neues hervorbringt.⁴

Wir können dieses Phänomen als „dunkle" Spielart der Kreativität bezeichnen. Die allseits gelobte und geschätzte Fähigkeit zur Innovation kann nämlich – neben ihren unbestrittenen Vorzügen – auch einen Schatten werfen. Die Lust am Neuen kann uns auf Abwege führen. Mit der „Kunst der Erfindung" – diese Ansicht vertritt schon der Chor in Sophokles' Tragödie *Antigone* (364–366) –, die der Mensch „als klug anwendbar" und „über alles Erwarten" besitze, schreite er „bald zum Schlechten, bald zum Guten".

Es wäre deshalb ein großer Fehler, wenn wir das, was im Dunkel steht, durch einen allzu engen Begriff der Kreativität ausschließen wollten. Man kann eine Parallele zum Mut ziehen:⁵ Ein Dieb oder ein Mörder können zweifellos sehr mutig sein; und obwohl sie ihre Tugend nicht zu einem guten Zweck einsetzen, würde man ihnen diese Charaktereigenschaft doch nicht absprechen. Auch der Mut ist also eine Tugend, die ihre Schattenseiten hat.

Viele wirtschaftliche und politische Errungenschaften, die als Lichtblicke in unserer Geschichte gelten, werfen mitunter *gleichzeitig* lange, dunkle Schatten: Der Einführung der Arbeitsteilung in einer freien Marktwirtschaft verdankt die Menschheit einen großen Zuwachs an Prosperität. Auch das System der doppelten Buchführung oder die Ermöglichung der Gründung von Kapitalgesellschaften mit beschränkter Haftung sind Innovationen im Bereich der Wirtschaft, die sich als außerordentlich vorteilhaft erwiesen haben.⁶ Und die Demokratie gilt weltweit als eine besonders wertvolle politische Innovation.

Nur darf man deren Nachteile nicht aus dem Blick verlieren: Das System der freien Marktwirtschaft weist einerseits große Defizite bei der Produktion von öffentlichen Gütern auf und kann andererseits zu großen Ungerechtigkeiten bei der Verteilung von privaten Gütern führen. Und die Erfindung der Demokratie in der antiken Polis Athen ging mit einer imperialistischen Außenpolitik etwa durch den Attischen Seebund und der Unterdrückung von Frauen und Sklaven einher; und im Schatten der Gründung der Vereinigten Staaten von Amerika, der ersten Republik auf einer nationalstaatlichen Ebene in der Neuzeit, stehen nicht nur die

---

³ Gaut (2018, 127).
⁴ Hills und Bird (2018, 102).
⁵ Swanton (2021, 97).
⁶ Johnson (2011, 56 f.).

Institution der Sklaverei, sondern auch die Unterdrückung und Zerstörung fast aller indigenen Völker Nordamerikas.[7]

Wir müssen unser Bild der Kreativität also – nach dem Vorbild der Chiaroscuro-Technik in der Malerei des Barock – in hellen und dunklen Farben malen. Wenn kreatives Handeln per se nur Gutes schafft, dann dürfte man den Teufel nicht mehr kreativ nennen. Dabei kann auch ein Werk der Zerstörung, das exakte Gegenteil einer schöpferischen Handlung, neu und überraschend und damit im weitesten und wertneutralen Sinne des Wortes kreativ genannt werden.

Außerdem sind zerstörerische Akte nicht immer von Nachteil. Wenn es um die Vernichtung von Übeln geht, können sie sehr nützlich sein. Nietzsche meint in *Also sprach Zarathustra* sogar: „Immer vernichtet, wer ein Schöpfer sein muß." (KSA 4, 75) An dieser Verallgemeinerung kann man mit guten Gründen Zweifel anbringen. Aber dass Neuschöpfungen *manchmal* mit destruktiven Akten einhergehen, wird man kaum bestreiten.

Eine wertneutrale Definition von Kreativität bietet jedenfalls den Vorteil, auch die dunklen Seiten dieses Phänomens in den Blick nehmen zu können. Außerdem wird eine solche Definition einerseits der Kontextrelativität des Nutzens von Innovationen und andererseits der Pluralität von Werten besser gerecht. Was der einen Person nämlich besonders nützlich erscheint, mag eine andere Person als wertlos oder gar schädlich wahrnehmen; was in einer Gesellschaft hoch angesehen ist, wird in einer anderen Gesellschaft möglicherweise sogar verachtet. Zudem können Innovationen aus unterschiedlichen Perspektiven höchst unterschiedlich bewertet werden. Was für die Wissenschaft ein Erkenntnisfortschritt ist, kann für die Politik eine große Gefahr darstellen. Was als eine Innovation auf dem Gebiet der Kunst gefeiert wird, kann sich schädlich auf die Moral und den Zusammenhalt einer traditionsbewussten Gesellschaft auswirken.

Es wird jedoch Zeit, unsere Aufmerksamkeit den hellen Seiten der Kreativität zuzuwenden. Überraschende Neuigkeiten können viel Licht in unser Leben bringen, sie können eine Quelle von Kraft und Klarheit sein und unsere Existenz bereichern. Die Kreativität des Menschen ist also in vielen Fällen unbestreitbar ein großes Gut.

Beginnen wir damit, zwei grundsätzliche Möglichkeiten der Bewertung unserer Schöpferkraft zu unterscheiden: die instrumentelle und die finale Qualität dieser Fähigkeit. Wenn eine Sache einen *instrumentellen* Nutzen hat, so dient sie einem Zweck, der von ihr abgetrennt werden kann. Mit einem Messer kann ich

---

[7] Ellis (2007, 10).

3 Licht und Schatten

das Brot in Scheiben schneiden. Wenn eine Sache dagegen einen *finalen* Wert hat, so ist sie uns um ihrer selbst willen lieb und teuer. Ein Geschenk ist ein integraler Bestandteil einer Freundschaft und wird – auch wenn es sich um ein Messer mit einem zusätzlichen instrumentellen Wert handeln sollte – immer als Ausdruck einer Beziehung um seiner selbst willen geschätzt.

Auch die Werke, die eine kreativ tätige Person hervorbringt, können in verschiedenen Bereichen von Nutzen sein: Kunstwerke sind eine Quelle von Freude und von neuen Einsichten; Erkenntnisfortschritte in der Medizin ermöglichen die Heilung von Krankheiten; eine ehrliche Entschuldigung kann eine Freundschaft retten. Man spricht in diesen Fällen von einem instrumentellen Wert der Kreativität. Sie ist dann als Mittel zur Erreichung bestimmter Zwecke wertvoll, die mit ihr selbst nicht unbedingt etwas zu tun haben müssen.

Der Kreativität kommt in diesen Fällen zwar kein Eigenwert zu. Man kann sich, das ist klar, auch an bekannten, wenig überraschenden Dingen erfreuen. Die Originalität ist also keine unbedingte Voraussetzung für das Vergnügen an Kunst. Und der Biochemiker, der ein neues Medikament entwickelt, stellt sein Tun in den Dienst anderer Menschen. Sein Entdeckergeist erscheint „nur" deshalb wertvoll, weil sie die Heilung von Krankheiten erlaubt.

Dennoch haben wir es hier nicht mit einer bloßen „Funktion" der Kreativität zu tun, da ihre Ausübung eine bewusste Entscheidung voraussetzt. Der Künstler schafft ein Kunstwerk, der Wissenschaftler entwickelt ein neues Medikament. Eine Funktion kann auch eine Sache haben, die nicht zu einem bestimmten Zweck produziert wurde und keinen instrumentellen Wert hat.

Kreative Personen können sich auch anders entscheiden, und ihre Unternehmungen scheitern oft. Die Realisierung eines Vorteils durch die Ausübung unserer Kreativität setzt also Fähigkeiten voraus, die man nicht einfach als gegeben annehmen und deren Ursprung man nicht in den Erfordernissen der modernen Gesellschaft oder den innerpsychischen Kräfteverhältnissen einer Person ansiedeln darf.

Die Annahme eines instrumentellen Werts der Kreativität darf also nicht mit einer rein funktionalistischen Erklärung dieser Fähigkeit im Rahmen einer soziologischen oder psychoanalytischen Theorie verwechselt werden. Der instrumentelle Wert kann zu einem Teil unseres Selbstverständnisses werden; die funktionalistische Analyse bleibt dagegen das Resultat einer Beobachtung eines Außenstehenden, die – das räume ich gerne ein – unser Selbstverständnis bereichern oder korrigieren kann. Dennoch verstehen wir uns aus der Innenperspektive nicht allein als Instrumente zur Verwirklichung bestimmter Zwecke.

Neben dem instrumentellen Wert kann der Kreativität ein Eigenwert zukommen, der dann nicht von den Resultaten der Ausübung dieser Fähigkeit abhängt. Man kann die Hervorbringung neuer und überraschender Dinge um ihrer selbst willen schätzen. Diese Wertschätzung kann selbst dann erhalten bleiben, wenn überraschende Neuigkeiten auch ihre dunklen Seiten haben mögen. Mit der Freiheit verhält es sich ganz ähnlich: Wir nehmen einen Eigenwert dieser Fähigkeit an, auch wenn sich der Mensch in bestimmten Umständen unklug oder unmoralisch verhält und sich selbst oder anderen Menschen einen Schaden zufügt.

Man spricht hier von einem finalen Wert der Freiheit oder eben der Kreativität. Noch einmal: Instrumentell wertvoll ist eine Sache dann, wenn sie das Mittel zur Verwirklichung eines außerhalb ihres selbst liegenden Zwecks ist. Final wertvoll ist sie dann, wenn sie sich selbst ihr eigener Zweck ist. Dabei soll gar nicht ausgeschlossen werden, dass manche Tätigkeiten in beiderlei Hinsicht wertvoll sind. Mit einem Spaziergang im Wald tun wir etwas für unsere Gesundheit. Aber diese Tätigkeit ist auch ohne weitere „Hintergedanken" für sich selbst wertvoll.

Manchmal findet in diesem Zusammenhang auch der Begriff „intrinsischer Wert" Verwendung. Da der Begriff „intrinsisch" jedoch so verstanden werden kann, dass der Wert einer Sache nicht mehr von Beziehungen zu den Interessen und Bedürfnissen von Personen und damit von keinen äußeren Gegebenheiten abhängt, vielmehr allein in dieser Sache selbst beruht, ziehe ich es vor, von einem „finalen" Wert zu sprechen.[8]

Güter mit einem finalen Wert mögen zwar zur Befriedigung von Interessen dienen. Aber auch wenn sie damit Gütern mit instrumentellen Werten ähnlich sehen, sollten wir sie doch nicht mit ihnen verwechseln. Denn diese instrumentellen Güter dienen immer nur den Interessen, die sich nicht auf diese Güter selbst richten. Wir haben letzten Endes nur ein Interesse am geschnittenen Brot, nicht am Messer selbst. (Außer es ist ein Geschenk oder ein Souvenir.) Final wertvolle Güter dienen dagegen keinen Interessen, die sich auf andere Güter richten. Sie sind selbst direkte und unersetzbare Gegenstände bestimmter Interessen von Personen.

Worin besteht nun der finale Wert der Kreativität? Warum sollten wir die Ausbildung und Ausübung dieser besonderen Fähigkeit um ihrer selbst willen schätzen? Ist die Hervorbringung von Neuem – unabhängig davon, worin das Neue genau besteht – für sich selbst schon eine gute Sache?

Für eine Antwort auf diese Frage kann man versuchen, diese Fähigkeit in einen engen Zusammenhang mit der Fähigkeit der Spontaneität zu stellen. Eine wichtige Eigenschaft von spontanen Handlungen besteht nämlich darin, dass sie nicht von langer Hand geplant sind. Eine schlagfertige Antwort auf eine

---

[8] Rinderle (2007, 33).

3 Licht und Schatten

provozierende Frage ist das Ergebnis einer schnellen, unüberlegten Reaktion. Und trifft den Nagel dennoch auf den Kopf! Gewiss, diese Fähigkeit zur Spontaneität hat einen instrumentellen Wert. Sie erlaubt es uns beispielsweise, unsere Pläne kurzfristig zu ändern, wenn sie sich in den gegenwärtigen Umständen nicht realisieren lassen. Sie hat zusätzlich einen finalen Wert, der nicht vom Resultat ihrer Ausübung abhängt. Obwohl spontane Handlungen also negative Konsequenzen haben und dann aus instrumenteller Sicht als ein Übel erscheinen können, muss uns das nicht von der Zuschreibung eines finalen Werts abhalten.

Denn die Umstände unseres Handelns können sich immer wieder ändern; vor Überraschungen sind wir im Leben nie gefeit. Eine Fähigkeit zur schnellen Änderung und Anpassung von Plänen ist somit von großer Bedeutung, und diese erschöpft sich nicht in den vorteilhaften Ergebnissen der Ausübung dieser Fähigkeit in überraschenden Umständen. Sie ermöglicht uns außerdem eine gewisse Unabhängigkeit von unseren Vorsätzen. Wir entgehen auf diese Weise der Gefahr, uns zu Gefangenen unserer selbst zu machen. Die Spontaneität kann somit ein Ausdruck unserer inneren Freiheit gegenüber unseren eigenen Kalkülen und Planungen sein, die unter Umständen als psychischer Zwang erlebt werden können.

Lässt sich dieses Argument auch für eine Begründung eines finalen Werts der Kreativität verwenden? Berys Gaut schreibt, kreativen Handlungen wohne immer ein Element der Spontaneität inne.[9] Denn die überraschende Neuigkeit, die eine bestimmte Tätigkeit hervorbringe, sei ja nur deshalb überraschend und neu, weil sie eben kein Gegenstand einer langfristigen Planung sein könne. Da also der Spontaneität ein finaler Wert zukomme, und kreative Handlungen immer spontan seien, müsse man auch der Kreativität einen finalen Wert zuschreiben. So Gaut.

Mir scheint freilich, hier wird eine richtige Auffassung eines finalen Werts der Kreativität mit einem nicht ganz überzeugenden Argument verteidigt. Wir können dabei sowohl konzedieren, dass spontane Handlungen nicht vollständig geplant sind, als auch zugestehen, dass der Fähigkeit zur Spontaneität eine große Bedeutung zukommt. Die offene Frage lautet, ob die Kreativität in einem notwendigen Zusammenhang mit der Spontaneität steht und diese beiden Phänomene tatsächlich nur zusammen auftreten.

Kennen wir nicht viele kreative Leistungen des menschlichen Geistes, die von langer Hand geplant und vorbereitet wurden? Johann Sebastian Bachs Komposition der *h-Moll-Messe* bedurfte, so Eliot Gardiner, „der jahrelangen

---

[9] Gaut (2018, 135).

Reifung und Überarbeitung"[10]. Manche Werke machen sogar eine Anstrengung über mehrere Generationen hinaus erforderlich. Kein Mensch wird bestreiten, dass der Kölner Dom ein großartiges Zeugnis der Schöpferkraft des Menschen ist. Aber man wird kaum behaupten, dessen Errichtung sei das Resultat einer spontanen Eingebung einiger Individuen im 13. Jahrhundert, die plötzlich mit dem Bau einer gotischen Kathedrale begonnen haben. Die kreative Tätigkeit erstreckte sich über viele Jahrhunderte und erforderte die Kooperation vieler Generationen.

Der Kölner Dom, so könnte man einwenden, ist kein typisches Beispiel. Wir sollten uns von dieser Perspektive der langen Dauer abwenden und lieber dem kreativen Augenblick die ihm gebührende Beachtung zollen. Bei der Improvisation im Jazz, so die Vorstellung, erschöpfe sich die kreative Leistung der Musiker vollständig in ungeplanten, unvorhersehbaren Akten der Spontaneität. Ich denke allerdings, auch mit dieser Vorstellung würden wir einem großen Missverständnis aufsitzen.

Improvisationen im Jazz erlauben zweifellos ein relativ hohes Maß an Spontaneität. Das steht freilich der Tatsache nicht entgegen, dass großartige Improvisationen über Jazz-Standards – denken wir an die Soli von Saxophonisten wie Coleman Hawkins, Dexter Gordon, John Coltrane, Scott Hamilton und Chris Potter – ein hohes Maß an Vorbereitung, Planung und Training voraussetzen.[11]

Viele Parameter einer musikalischen Improvisation sind festgelegt, und gerade die Vorgaben einer besonderen Akkordfolge geben dem Musiker Gelegenheit zur Kreativität – und zwar auch dann, wenn der Spontaneität keine große Rolle zukommt. Sogar Berys Gaut räumt daher ein, „one can be creative in planning things and things can be valuable in respect of their planned dimension".[12] Das bedeutet aber auch, dass die Spontaneität eben keine unverzichtbare *Voraussetzung* für kreative Tätigkeiten ist.

Was folgt daraus für den finalen Wert der Kreativität? Wenn dieser Wert nicht notwendig von der Spontaneität einer schöpferisch tätigen Person abhängt, stellt sich die Frage, wo man diesen Wert sonst auffinden kann. Vielleicht sollten wir uns nicht so sehr mit dem Entstehungsprozess von kreativen Werken beschäftigen, sondern unsere Aufmerksamkeit eher den Werken selbst schenken. Ob eine kreative Tat spontan oder von langer Hand geplant war, ist aus dieser

---

[10] Gardiner (2016, 581).
[11] DeVeaux (1997, 66, 326 und 374). Vgl. Abraham (2018, 189 ff.).
[12] Gaut (2018, 137).

3 Licht und Schatten

Perspektive nicht mehr so wichtig. Entscheidend ist, dass die Kreativität eine Hervorbringung von neuen und überraschenden Dingen möglich macht. Es gibt einen guten Grund, die Hervorbringung von Neuem um ihrer selbst willen zu schätzen. Manche Neuigkeiten sind schrecklich und fügen Menschen viel Leid zu. In solchen Fällen führt eine „dunkle" Kreativität natürlich zu Nachteilen, die ihren finalen Wert als unbedeutend erscheinen lassen. Der finale Wert einer Sache darf nicht mit einem absoluten oder vorrangigen Wert dieser Sache gleichgesetzt werden. Er kann im Vergleich zu den negativen Folgen dieser Sache recht klein sein und muss nicht immer besonders ins Gewicht fallen.

Nichtsdestotrotz gibt es einen guten Grund, dem Neuen einen von den konkreten Auswirkungen unabhängigen, finalen Wert zuzuschreiben. Ohne eine Fähigkeit zur Hervorbringung von Neuem könnten wir unser Leben nicht selbst in die Hand nehmen. Wir wären zur ewigen Wiederholung des Immergleichen gezwungen und könnten uns nicht aus Abhängigkeiten und Zwängen verschiedenster Art befreien. Ein selbstbestimmtes Leben setzt die Bereitschaft voraus, sich unter Umständen auf etwas Neues einzulassen. Die Kreativität könnte daher, wenn uns die Freiheit als ein wertvolles Gut erscheint, eine wichtige Ingredienz für das gute Leben von Individuen und Gemeinschaften sein.

Der finale Wert der Kreativität hängt deshalb nicht so sehr von der (weitgehend unstrittigen) Bedeutung der Spontaneität ab. Er findet in unserer Wertschätzung der Autonomie von Personen sein Fundament. Die Fähigkeit zur Kreativität erlaubt uns die Möglichkeit zur – möglicherweise von langer Hand geplanten und vorbereiteten – Veränderung unserer Lebensverhältnisse. Ob sich diese notwendig immer zum Besseren wenden, können wir im Augenblick dahingestellt sein lassen. Schon die Tatsache, dass wir unserem Leben aus eigener Kraft eine neue Richtung geben können, ist jedenfalls eine Sache, deren Existenz wir begrüßen sollten.

Innovationen sind unter Umständen sehr schädlich, und dann haben wir wahrscheinlich einen guten Grund dafür, sie zu unterlassen oder sie zu verhindern. Der Wert des Alten, die Bedeutung des Brauchtums wird in einem Zeitalter der ubiquitären Glorifizierung des Neuen und der kreativen Fähigkeiten der Menschen ohne Zweifel oft unterschätzt.

Manche Menschen haben große Angst vor dem Neuen, und wir können nicht ausschließen, dass sie gute Gründe dafür haben. Die Auseinandersetzung mit anderen Meinungen, die Akzeptanz von Innovationen, das Erlernen neuer Handlungsweisen ist immer mit einem kognitiven und emotionalen Aufwand verbunden, den wir uns manchmal gerne ersparen. Das Neue kann belastend sein, und so regt sich bei Personen, die mit Dingen konfrontiert werden, die sie nicht kennen, oft auch ein großer Widerstand.

Dabei ist es nicht von vornherein ausgemacht, dass sie damit Unrecht haben. Innovationen kosten Zeit und Energie, sie bergen verschiedene Risiken. Man muss sie sich schon leisten können. Das Bekannte und Bewährte kann im Alltag und in der Not für Entlastung sorgen. In vielen Bereichen verdient es unsere Wertschätzung. Wir sollten daher nicht nur mit arroganter Überheblichkeit auf Konventionen und Traditionen herabblicken. Es gibt, mit anderen Worten, gute Gründe auch für die Liebe des Alten.

Dennoch steht die Tatsache, dass Innovationen manchmal nachteilig und unter Umständen kostspielig sind, nicht in einem Widerspruch mit unserer allgemeinen Wertschätzung einer Fähigkeit, Veränderungen einzuleiten. Wir müssen im Einzelfall eben abwägen. Die negativen Konsequenzen unserer kreativen Kräfte in bestimmten Kontexten schließen positive Konsequenzen in anderen Kontexten wie auch einen Eigenwert dieser Fähigkeit nicht aus.

Resümierend können wir festhalten: Die Kreativität hat ihre Licht- und Schattenseiten, sie kann für gute und für schlechte Zwecke Verwendung finden. Das Neue ist in ethischer Hinsicht zunächst einmal neutral.[13]

Erpresser, Folterknechte und Terroristen können, wie wir inzwischen wissen, ein hohes Maß an Erfindungsreichtum an den Tag legen. Auch im Alltag legen manche Menschen eine raffinierte (mit einem kleinen k geschriebenen) Kreativität beim Ausklügeln etwa von emotionalen Erpressungen und verletzenden Fiestäten an den Tag.

Es gibt eine „dunkle" Variante der Kreativität, denn auch irrationale und unmoralische Handlungen sind unter Umständen sehr kreativ. Das beste Palliativ gegen solche unangenehmen, bösen Überraschungen ist eine mit einer guten Prise Humor gewürzte Erfindungsgabe, die den Spieß umdreht und nicht nur Schutz vor den Bos- und Gemeinheiten anderer Personen bietet, sondern sie auf sie selbst zurückfallen lässt.

Den Anwendungsmöglichkeiten der Kreativität im Bereich der zwischenmenschlichen Beziehungen sind also, wie man sieht, fast keine Grenzen gesetzt.

Die „helle" Spielart der Kreativität setzt sich aus mehreren Bestandteilen zusammen. Die Kreativität kann sowohl als Mittel für bestimmte Zwecke als auch als Selbstzweck geschätzt werden. Viele Neuigkeiten in der Kunst, in den Wissenschaften und in der Politik erleichtern und bereichern das Leben der Menschen. Damit ist der instrumentelle Vorteil der Kreativität angesprochen. Außerdem gibt es einen guten Grund, die Fähigkeit zur Hervorbringung überraschender

---

[13] Sternberg (2019, 101).

3 Licht und Schatten

Neuigkeiten als einen finalen Wert anzusehen. Er steht in einem notwendigen Zusammenhang mit unserer hohen Wertschätzung der Autonomie von Personen. Unsere kreativen Fähigkeiten ermöglichen es, unser Leben in die eigenen Hände zu nehmen.

Wenn es „dunkle" Seiten der Kreativität gibt, dann haben wir einen guten Grund dafür, die heute weit verbreitete Auffassung, die Kreativität stelle ein absolutes Gut dar, zu qualifizieren und begrenzen. Auch das Alte, so haben wir gesehen, ist unter Umständen wertvoll und erhaltenswert. Die „hellen" Seiten der Kreativität können uns allerdings dazu veranlassen, die Liebe zum Neuen zu kultivieren und geeignete Maßnahmen zu ergreifen, die Ausbildung von kreativen Fähigkeiten bei allen Menschen zu fördern.

Expressive Kunst 4

Die Kunst wird seit langer Zeit als ein besonders wichtiger Bereich für die Ausübung von Kreativität angesehen. Kunstwerke sind Ergebnisse des absichtlichen Handelns des Menschen, und von einem Künstler wird erwartet, dass er etwas Originelles hervorbringt. Viele Werke der Literatur, der Malerei und der Musik werden ausschließlich deshalb bewundert, weil sie Gewohnheiten in Frage stellen und ihren Leser, Betrachter oder Hörer provozieren oder irritieren.

Manchen Auffassungen zufolge findet der Schöpfungsgedanke in der Kunst eine privilegierte Anwendung: Einem Gott gleich kreiere der Künstler in einem unerklärlichen Akt besondere Werke, die die Welt bisher nicht gesehen habe. Die künstlerische Tätigkeit werde dem Begriff und dem Wert von Kreativität daher auf besondere Art und Weise gerecht. Kunstwerke sollen neu sein; ihre Neuigkeit ist für bestimmte Zwecke nützlich und wird um ihrer selbst willen geschätzt. Originelle Kunst ist vielleicht unter Umständen moralisch verwerflich und kann üble Folgen haben. Auch in der Kunst gibt es also das Phänomen der „dunklen" Kreativität. Dennoch können wir künstlerische Kreativität und die Erfahrung von Kunst um ihrer selbst willen als wertvoll ansehen.[1]

Kunstwerke können unsere soziale oder private Wirklichkeit abbilden, sie können einen Beitrag zum Ausdruck von kollektiven oder individuellen Emotionen leisten, und sie können eine Quelle von Lust und Vergnügen am freien Spiel der Formen sein.[2] Und expressive Kunst, das werden wir später sehen, hat insbesondere auch eine wichtige Bedeutung für die Reflexion und Korrektur unseres Selbstverständnisses.

---

[1] Rinderle (2007, 228 ff.).
[2] Vgl. Rinderle (2011).

Gerade die Geschichten, die wir uns und anderen erzählen, bieten eine Möglichkeit, die unterschiedlichen Bedingtheiten, denen wir im Leben unweigerlich unterworfen sind, so zu konfigurieren, dass sie eventuell eine neue Bedeutung erlangen. Auf diese Weise steht uns eine Möglichkeit zur Umgestaltung unseres eigenen Lebens und zur (zumindest partiellen) Neuschöpfung unseres Selbst zur Verfügung. Darauf gehe ich ausführlich in Kapitel 8 ein.

Kehren wir nach diesem kleinen Exkurs zurück zur Kreativität in der Kunst und stellen zunächst fest: Wie der Begriff der Kunst zu definieren ist, darüber wird nicht nur unter Philosophen heftig gestritten.[3] Auch unter den Künstlern scheiden sich die Geister daran, was überhaupt unter einem Kunstwerk zu verstehen ist. Und ob sich die unterschiedlichen Gattungen der Kunst unter einen einzigen Begriff bringen lassen. Vielleicht dienen Werke der reinen Instrumentalmusik einem Ausdruck von Gefühlen; vielleicht sind Romane und Filme eher als eine Repräsentation der menschlichen Existenz zu verstehen; und vielleicht sollen abstrakte Gemälde durch ihre neuartige formale Gestaltung Lust und Freude beim Betrachter wecken.

Auf die Frage nach dem Wesen der Kunst gibt es also viele Antworten. Wenn wir wissen wollen, wie die Kreativität in der Kunst zu verstehen ist, stehen wir daher vor einem Problem. Es ist durchaus denkbar, dass die Kreativität in den verschiedenen Kunstgattungen unterschiedlich ausgeprägt ist. Zweifelsohne unterscheidet sich die Kreativität bei der Repräsentation der objektiven Wirklichkeit von der Kreativität bei der Expression unserer subjektiven Emotionen. Gibt es also überhaupt ein einheitliches Phänomen von „künstlerischer Kreativität"?

Ich bestreite diese Schwierigkeiten nicht. Doch sie sollen uns nicht daran hindern, ein paar allgemeine Überlegungen zur Kreativität in der Kunst anzustellen. Dazu muss auch kein umstrittener Begriff der Kunst vorausgesetzt werden. Wir können also die Frage nach dem Wesen von Kunst beiseitestellen.

Zumindest am Potenzial von Kunst zum Ausdruck von Emotionen gibt es nämlich kaum einen vernünftigen Zweifel, und daran lässt sich auch ein Aspekt der Kreativität von Kunst sehr gut demonstrieren. Mit dem Ausdruck einer Emotion bildet ein Kunstwerk nicht nur einen mentalen Zustand ab, der unabhängig von diesem Werk existieren würde. Das expressive Potenzial eines Kunstwerks macht es vielmehr sogar möglich, ein bestimmtes psychisches Erlebnis neu zu kreieren.

In manchen Fällen hat die Kunst die Hervorbringung mentaler Zustände zur Aufgabe, die, so der Harvard-Philosoph Richard Moran, „only exist as

---

[3] Carroll (2010, 42 ff.).

expressed".[4] Erst durch ihren Ausdruck erblicken manche Emotionen das Licht der Welt. Ein Kunstwerk steht dann nicht in einer *kausalen* Relation zu einem Gefühl, es ist nicht nur die Wirkung der Freude oder der Trauer des Künstlers. Ein literarisches Werk, ein Musikstück oder ein Gemälde können vielmehr *konstitutive* Teile bestimmter Emotionen sein. Die Schöpfung und Aneignung von expressiven Kunstwerken können unsere Erfahrungen erweitern, und sie gehen daher unter Umständen sogar mit der Kreation neuartiger Bewusstseinszustände einher. Die Romane von Franz Kafka oder die Theaterstücke von Samuel Beckett kann man hier als Beispiele anführen.

Nun räume ich ein, dass diese Auffassung umstritten ist, und ich will mich in der Folge auch nicht auf sie stützen. Wir wollen schließlich etwas Neues über das allgemeine Phänomen der Kreativität lernen und sollten dabei in Kauf nehmen, dass wir es mit dem Begriff der Kunst nicht ganz genau nehmen. Wir können uns an einigen prominenten Beispielen orientieren und müssen uns nicht in den Verästelungen von Fachdebatten in der Philosophie verlieren.

Wie kann man das Phänomen der Kreativität in der Kunst erklären? Wie gelingt es manchen Menschen, neue Formen der Repräsentation von Wirklichkeit oder neue Möglichkeiten des Ausdrucks von Emotionen zu schaffen? Und wie ist es möglich, neue sprachliche, visuelle und akustische Formen – auch ohne Inhalte und Bedeutungen – für unser reines Vergnügen und unser interesseloses Wohlgefallen zu erfinden?

Eine bis heute einflussreiche Antwort ist die romantische Annahme eines von übernatürlichen Kräften inspirierten Genies. Die Theorie der Kreativität im Allgemeinen ist wohl nicht unwesentlich von dieser romantischen Auffassung der Kunst geprägt. Was für die Originalität in der Kunst gilt, ist in der Folge zum Vorbild für die Schöpferkraft in allen anderen Bereichen avanciert.

Eine dieser Sicht diametral entgegengesetzte Auffassung lautet, dass kreative Kunstwerke nur das Resultat eines – dem Künstler selbst zum großen Teil verborgen bleibenden – Spiels von biologischen, sozialen oder psychischen Kräften sind. Beide Auffassungen sind gleich weit von meiner humanistischen Position entfernt. Kunstwerke, so habe ich in Kapitel 2 argumentiert, sind, wie alle kreativen Werke, das Ergebnis absichtlicher Handlungen von frei und überlegt entscheidenden Einzelpersonen oder Kollektiven.

Wir sollten, so meine ich, die Entstehung von Kunstwerken bis zu einem gewissen Grad entmystifizieren, ohne sie dabei auf bloße biologische oder soziale Funktionen zu reduzieren. Kunst ist in allen Kulturen anzutreffen, und die

---

[4] Moran (2018, 3).

Erklärung des Ursprungs dieser Praxis setzt weder Götter noch verborgene Kräfte voraus. Sowohl die Produzenten als auch die Konsumenten von Kunst haben ein großes Interesse an ihren vielfältigen Möglichkeiten: an der Repräsentation von Wirklichkeit, am Ausdruck von Gefühlen und am Vergnügen an schönen Formen. Kunst ist im weitesten Sinne ein Ausdruck der menschlichen Freiheit, und sie konkretisiert daher den finalen Wert unserer Kreativität auf eine besonders prägnante Art und Weise.

Dem überraschenden Moment von künstlerischer Kreativität tut diese Einsicht dabei in keinster Weise Abbruch. Die Kunst bleibt ein Wunder, auch wenn wir zu ihrer Erklärung keine Genies und Götter in Anspruch nehmen! Die Kunst geht allerdings auch nicht in ihrer Funktion zur evolutionären Selektion von Genen oder zur Stabilisierung von sozialen oder psychischen Systemen auf! Kunst ist eine menschliche Praxis, die allen für etwas Neues aufgeschlossenen Menschen zugänglich ist.

Können wir diese Auffassung mit Beispielen belegen? Wenn von künstlerischer Kreativität die Rede ist, dann beruft man sich schnell auf Shakespeare und Goethe in der Literatur, Michelangelo und Picasso in der Bildenden Kunst oder Mozart und Mahler in der Musik.

Begrenzt man die Aufmerksamkeit allerdings auf herausragende Einzelfiguren, führt das unter Umständen gewaltig in die Irre und zu einem verkürzten Bild unserer Lust auf Neues. Sicherlich trifft man bei den genannten Künstlern auf besonders stark ausgebildete und die Zeiten überdauernde Manifestationen der Kreativität. Da sich diese Kreativität nicht leicht erklären lässt, scheint eine romantische Auffassung wieder an Plausibilität zu gewinnen. Immer wieder gibt es in den Werken von Klassikern etwas Neues zu entdecken, ihr innovatives Potenzial lässt sich anscheinend nie ganz ausschöpfen.

Übersehen wird dabei allerdings, was die Kreativität von Kunst im Alltag vieler Menschen bedeutet und bedeuten kann. Auch ein Klavierschüler, der eine ganz einfache Haydn-Sonate übt, kreiert auf seine Weise eine überraschende Neuigkeit – zumindest im Sinne einer P-Kreativität. Und auch die Nachwuchsmusiker der Karajan-Akademie der Berliner Philharmoniker, die unter der Leitung des Dirigenten Kirill Petrenko (im Mai 2022) eine neue Interpretation der *5. Symphonie* Beethovens erarbeiteten und aufführten, haben – eventuell sogar im Sinne einer H-Kreativität – mit großen Überraschungen aufgewartet. Ähnliches gilt natürlich auch wieder für die Bereiche der Bildenden Kunst und der Literatur.

Menschen können in ihrem eigenen Leben auf künstlerische Weise kreativ sein. Sie sind vor allem oft schon dann kreativ, wenn sie sich erfolgreich um das Verstehen und die Aneignung eines Kunstwerks bemühen. Bereits die Lektüre

4 Expressive Kunst

eines Romans oder die Betrachtung eines Gemäldes setzen manchmal ein hohes Maß an Kreativität voraus.[5] Die Leser eines Romans können für sich – im Sinne der P-Kreativität – eine neue Sicht auf ihr Leben gewinnen. Sie schlagen oft eine überraschende Deutung eines Kunstwerks vor – im Sinne der G- oder H-Kreativität – und verleihen ihm damit eine ganz neue Dimension.

Zweifellos gibt es einen mehr oder weniger passiven und bequemen Konsum von Kunstwerken, der eher auf eine Bestätigung von Gewohnheiten oder einfach „nur" auf Ablenkung und Unterhaltung abzielt. Nicht jede Rezeption von Kunst ist also kreativ, und dagegen gibt es erst einmal auch gar nichts einzuwenden. Will man sich jedoch dem Anspruch radikal neuer Kunst stellen, wird man sich um eine Form der Aneignung bestimmter Werke bemühen müssen, die ihrer besonderen Originalität gerecht wird.

Wir sollten uns also mit der Berufung auf die Meisterwerke der Kunst den Blick nicht einengen lassen und die vielen kleinen Möglichkeiten zur Kreativität aller Menschen nicht vernachlässigen. Die Kreativität auch in der Kunst ist auf einem breiten, kontinuierlichen Spektrum angesiedelt, das von den innovativen Werken einiger außergewöhnlicher Menschen bis hin zu den ersten, tastenden Versuchen eines Kindes im Sandkasten oder auf einem Musikinstrument reicht. Die Lust an neuen Formen des Ausdrucks von Emotionen wohnt sowohl den großartigen Neuschöpfungen von genialen Künstlern als auch den spielerischen Prozessen der Aneignung von Kunstwerken durch ihre Rezipienten inne.

Diese unterschiedlichen Ausprägungen der künstlerischen Kreativität verdienen jeweils unsere Wertschätzung. Sie sind ein Ausdruck eines sowohl instrumentellen als auch eines finalen Werts der menschlichen Kreativität. Ein Musikinstrument zu erlernen fördert beispielsweise die kognitiven, sozialen und emotionalen Kompetenzen eines Kindes. Das Musizieren – wie natürlich auch das Musikhören – bildet zugleich die Quelle einer Lust, die sich selbst genug ist und keinen weiteren, außerhalb ihrer selbst befindlichen Zwecken dient.

Offen sind jetzt noch zwei Fragen, die mit dem Problem der Beachtung von Regeln bei der Schöpfung von Kunst zu tun haben: In welchem Verhältnis steht die Kreativität des Künstlers erstens zu bestimmten *Traditionen*? Und welche Bedeutung kommt zweitens der *Improvisation* für unsere Wertschätzung von künstlerischer Kreativität zu?

Ganz allgemein wird damit noch einmal die Frage aufgeworfen, wie der Ursprung von Kreativität zu verstehen ist: Ist das überraschend Neue mit der

---

[5] Reckwitz (2012, 107 f.); Carroll (2014); Abraham (2018, 175).

Befolgung von Regeln und der Ausführung von Plänen vereinbar? Oder setzt Kreativität notwendig eine Abkehr von Überlieferungen und ein völlig freies und spontanes Vorgehen voraus?

Was zunächst das Verhältnis von Kreativität zu Traditionen anbelangt, so ist im Bereich der Kunst bis heute die Auffassung vorherrschend, dass die Hervorbringung von überraschenden Neuigkeiten immer auch mit einem Bruch von überlieferten Normen und Vorschriften einhergeht. Um Neues zu schaffen, müsse man das Alte entsorgen; Originalität gebe es nur um den Preis einer Auflehnung gegen das Hergebrachte. Kreativität heißt Rebellion, Innovation bedeutet Revolution. Meist geht diese Annahme nur wieder auf die romantische Vorstellung zurück, Kunstwerke seien Kreationen von Genies, die nur außerhalb von sozialen und kulturellen Kontexten ihre ganze Schöpferkraft entfalten.[6]

Soweit ich sehe, läuft eine solche Auffassung allerdings entweder auf die Behauptung einer bloßen Tautologie hinaus: Das Neue ist ja schon vom Begriff her nicht mit dem Alten identisch; es muss sich in irgendeiner Hinsicht vom Alten unterscheiden. Sonst wäre es schließlich nicht neu. Kein Wunder also, dass das Neue eine Überwindung des Alten erfordert. Gegen diese Sicht lässt sich nichts einwenden, aber sie hat auch keinen nennenswerten Informationsgehalt.

Oder aber diese Auffassung ist schlichtweg falsch, denn kreative Kunst ist in mehrfacher Hinsicht in Traditionen eingebettet und immer auch auf Inhalte und Formen angewiesen, die sie aus Überlieferungen entnimmt. Das Neue entsteht – wenn wir den christlichen Schöpfungsmythos hier einmal ausklammern – nie aus dem reinen Nichts. Es resultiert aus Kombinationen und Neugestaltungen von vorhandenen Materialien und Formen. In der Kunst mögen es unter anderem die kulturellen Traditionen sein, die diese Materialien (Worte, Töne, Farben) und Formen (Sonette, Sonaten, Zentralperspektive) zur Verfügung stellen.

Dabei gilt es in diesem Zusammenhang zu beachten, dass auch Traditionen keinen starren Regelkatalog enthalten, der nur eine sklavische Unterwerfung verlangen würde. Die „Vorschriften" der klassischen Sonatenhauptsatzform in der Musik erlauben vielmehr ein breites Spektrum der Anwendung in neuen Werken[7] – auch wenn es sich, wie Charles Rosen über die Musik von Gustav Mahler schreibt, um einen „spöttischen Respekt" gegenüber der klassischen Sonatenform handeln sollte.[8]

---

[6] Carroll (2010, 57 f. und 71 f.).
[7] Rosen (1995, 56 f.).
[8] Rosen (1995, 518).

Manche Traditionen rufen gleichsam nach einer kreativen Aneignung des Künstlers – und übrigens auch wieder des Rezipienten. Manche Traditionen mögen tatsächlich abgestorben sein und wenig Potenzial für eine kreative Aneignung enthalten. Doch sogar „totes" Material kann in kreativen Werken zu einem neuen Leben erweckt werden. Ohne Spott, aber auch ohne Respekt bedient sich etwa Igor Strawinsky in seiner neoklassischen Phase der Formensprache des Barocks und der Klassik auf eine durchaus kreative Art und Weise.

Viele Traditionen fordern gleichsam ausdrücklich dazu auf, sich neuen Herausforderungen in der Gegenwart im Lichte eines überlieferten „Regelwerks" zuzuwenden. Sie stellen den Künstler sogar in eine besondere Verantwortung, ihre Inhalte im Lichte veränderter Umstände zu hinterfragen und weiterzuentwickeln. Die Kreativität der Kunst kann darin bestehen, dieses „Regelwerk" in anderen Kontexten zu neuem Leben zu erwecken. Aber es führt dann eben kein Weg darum herum, dieses Regelwerk erst einmal zu kennen und zu beherrschen.[9]

Innovative Kunst hat sich schließlich immer wieder verschiedener Bestandteile der Traditionen bedient, um diese infrage zu stellen und über sie hinauszugehen: György Ligeti greift in seinem *Streichquartett Nr. 2* auf eine klassische Gattung der Kammermusik zurück; Miles Davis verwendet in *So What* die dorische Tonleiter; und James Joyce's *A Portrait of the Artist as a Young Man* steht in der Tradition des klassischen Bildungsromans, auch wenn Joyce diesen – ähnlich wie Gustav Mahler die Sonatenhauptsatzform – in Frage stellt und auflöst.[10]

Das ist das eine Argument, das gegen eine strikte Entgegensetzung von Kreativität und Traditionsbewusstsein spricht.

Ein zweiter Punkt betrifft die unbestreitbare Tatsache, dass das Neue immer nur vor einem bestimmten Hintergrund als neu erscheinen kann. Ohne kulturelle Traditionen hätten wir gar keinen Maßstab dafür, ein Kunstwerk als innovativ zu bezeichnen. Tatsächlich mag das Neue mit einer Abwendung von überlieferten Regeln oder mit einer Rebellion gegen unglaubwürdig gewordene Autoritäten zu tun haben. So bricht die Zwölftonmusik Arnold Schönbergs mit der traditionellen Funktionsharmonik; und die „Musique concrète instrumentale" Helmut Lachenmanns stellt die Klangideale der Klassik infrage.

Dennoch hängt ein Verständnis auch der Kunst der Avantgarde von einer Kenntnis der Traditionen ab.[11] Sowohl der Produzent als auch der Rezipient von

---

[9] Carroll (2010, 61).
[10] Johnston (2011, 191 f.).
[11] Carroll (2010, 68 f.).

Kunst ist somit auf einen Kontext angewiesen. Erst vor einem solchen Hintergrund können Abweichungen verständlich gemacht werden. So setzt die Zwölftonmusik eine gute Kenntnis der traditionellen Funktionsharmonik und vor allem die Erfahrung einer Auflösung der Tonalität durch die fortschreitende Chromatisierung im späten 19. Jahrhundert voraus. Für einen Johann Sebastian Bach wäre die Dodekaphonie weitgehend unverständlich geblieben, auch wenn sich Ansätze zu ihr bereits in seinen Werken finden mögen.

Ein letzter Punkt ist in diesem Zusammenhang noch erwähnenswert: Kreativität besteht in der Hervorbringung von überraschenden Neuigkeiten. Wo, wenn nicht in Traditionen, findet ein Künstler Vorbilder überhaupt für den Bruch mit Konventionen?

Johann Sebastian Bach und Ludwig van Beethoven wie auch Charlie Parker und Dizzy Gillespie, um wieder Beispiele aus der Musik anzuführen, haben mit bestimmten Konventionen ihrer Zeit radikal gebrochen. Und obwohl diese Musiker inzwischen selbst Bestandteile von Traditionen geworden sind, gelten sie als Vorbilder für die Kreativität von Künstlern. Ihre Kompositionen strahlen nicht umsonst bis heute große Frische und expressive Lebendigkeit aus. Ihre innovativen Impulse sind für jeden aufgeschlossenen Hörer sofort nachvollziehbar. Selbst die Musiker der Gegenwart gewinnen den Werken dieser Künstler immer wieder neue Seiten ab und verwenden sie als Quelle ihrer eigenen Inspiration.

Mit einer Berufung auf die starren Vorschriften von Traditionen wird der freien Entfaltung von Kreativität sicher kein Dienst geleistet. Ohne Zweifel: Traditionen können, wie der Komponist Helmut Lachenmann schreibt, zu einem „unsichtbaren Gefängnis" werden.[12] Doch es wäre ein Fehler, würde man meinen, man könne ohne die Aneignung von Traditionen innovativ sein. Eine Tradition kann nämlich auch viele „Ausbruchsversuche aus diesem Gefängnis" verkörpern und damit eine „unerbetene Erinnerung und Mahnung an zu praktizierende Freiheit" sein.[13] So kann fast jeder Künstler, der heute auf dem Podest steht und als Klassiker verehrt wird, ein Vorbild für einen Vertreter der künstlerischen Avantgarde sein.

Mit einer solchen Bestimmung des Verhältnisses von Kreativität und Traditionsbewusstsein ist auch die Grundlage für eine Auffassung gewonnen, die von einer Möglichkeit des Erlernens und Kultivierens eines kreativen Vermögens ausgeht. Dazu mehr im letzten Kapitel dieses Buchs.

---

[12] Lachenmann (1996, 339).

[13] Lachenmann (1996, 339).

Die Auffassung, dass die Befolgung von Regeln ein Hindernis für die wahre Entfaltung von Kreativität darstellten, begegnet uns noch in einer anderen Debatte, die das Verhältnis von überraschenden Innovationen und spontanen Improvisationen zum Gegenstand hat. Dieser Auffassung zufolge gilt die Improvisation in der Musik als besonders wertvolle Ausübung eines kreativen Vermögens. Improvisation setze keine Regeln voraus, sie erlaube keine Planungen, sie sei völlig spontan und mache daher die Hervorbringung eines Maximums an Neuerungen möglich. Die Improvisation stelle somit eine besondere Ausprägung von kreativer Aktivität in ihrer Reinform dar.

Hinter dieser These könnte sich nun wieder eine ganz banale Tautologie verbergen: Kreativität bringt immer etwas Neues hervor, das zu einem gewissen Grad nicht vorhersehbar ist. Nachdem die Resultate einer Improvisation tatsächlich nicht völlig planbar und vorhersehbar sind, könnte man den Schluss ziehen, die echte und wahre Form der Kreativität könne sich eigentlich nur in der Gestalt von Improvisationen manifestieren. Jedem Kunstwerk, sobald es in der Wahrnehmung des Betrachters, des Lesers oder des Hörers Gestalt annimmt, wohnt also unweigerlich ein Moment der Improvisation inne.

Mit diesem Schluss ist jedoch deshalb nicht viel gewonnen, weil er ein enges und einseitiges Verständnis dessen voraussetzt, was eine Improvisation ausmacht. Unterzieht man dieses Verständnis einer genaueren Prüfung, entpuppt sich auch diese Auffassung als ein gewaltiger Irrtum.

Sehen wir uns das Phänomen der Improvisation näher an. Eine Improvisation im Jazz erlaubt ein hohes Maß an Spontaneität des Solisten und ermöglicht ohne Zweifel eine Ausübung seiner Kreativität. Die Philosophen Georg Bertram und Michael Rüsenberg meinen, „dass alles Improvisieren Freiheit herstellt, und zwar durch die in ihm hergestellte Ungewissheit, die es uns erlaubt, sowohl für selbstverständlich gehaltene Bestimmungen als auch soziale Strukturen und Machtverhältnisse zu hinterfragen".[14]

Dennoch sollte man sich vor zwei Missverständnissen hüten, die aus einer fragwürdigen Entgegensetzung von improvisierter und komponierter Musik herrühren.

Erstens setzt eine gelungene Improvisation im Jazz, darauf habe ich bereits hingewiesen, praktisch immer die Beachtung verschiedener harmonischer und rhythmischer Vorgaben voraus. Freiheit bedeutet also nicht vollständige Regel-

---

[14] Bertram und Rüsenberg (2021, 106 f.).

losigkeit. Viele Hörer nehmen diese Vorgaben zwar nicht unmittelbar wahr, dennoch bilden sie in aller Regel das unausgesprochene Fundament eines Werks.

Auf der einen Seite ist nämlich das begleitende Ensemble dafür verantwortlich, eine vorgegebene Akkordfolge und einen vorgegebenen Rhythmus zu „kreieren"; diese Vorgaben sind fast immer vor dem Beginn einer Improvisation festgelegt. Außerdem spielt der Solist normalerweise zunächst das Thema eines Songs, bevor er mit seiner Improvisation beginnt.

Und auf der anderen Seite hat sich der Solist im Jazz ein breites Repertoire an verschiedenen Möglichkeiten zur Beachtung dieser Vorgaben erarbeitet. Er hat sich darauf vorbereitet, wie er zum Beispiel von der Tonika zur Subdominante moduliert, und er hat einen breiten Schatz an möglichen Lösungen angesammelt, wie er den Dominantseptakkord auflösen und zur Tonika zurückkehren kann.

Auch Improvisationen sind also nur auf der Grundlage eines Sets von Regeln möglich. Daher lassen sich Improvisationen auch bis zu einem gewissen Grad vorbereiten und planen.[15] Die Spontaneität kommt hier zweifellos zu ihrem Recht. Dennoch wäre es ein Fehler, würde man sie mit einer kompletten Abwesenheit von Vorgaben und Regeln verwechseln.

Eine Improvisation wird zweitens oft mit der Aufführung von komponierten Werken kontrastiert, die angeblich keinen Platz mehr für die spontanen Einfälle des Interpreten lassen. Sicherlich ist es sinnvoll, zwischen der Improvisation und der Aufführung eines komponierten Werkes zu unterscheiden. Dennoch können Improvisationen unter Umständen sehr viel weniger neu und überraschend als die Aufführung von komponierten Werken sein.

Die *Komposition* eines Musikstücks ist nämlich die eine Sache; eine andere Sache ist die *Interpretation* dieses Werks in einer Aufführung von Musikern vor einem Publikum. Nun kann man sagen, die Partitur unterwerfe den ausführenden Musiker strengen Vorschriften, gerade dann, wenn er sich um eine „werkgetreue" Interpretation eines Stückes bemüht. Dennoch sollte man dem Interpreten nicht eine besondere Form der Kreativität und damit der künstlerischen Freiheit abstreiten. Jede Komposition lässt schließlich ohne Ausnahme einen mehr oder weniger großen Spielraum bei ihrer Ausführung.

Auch die Aufführung von komponierter Musik lebt also von der unmittelbaren Spontaneität des Interpreten. Sonst könnte man sich mit dem Abspielen einer CD begnügen. Diese Spontaneität bleibt zwar an vorgegebenen Regeln orientiert, und sie kann in einem gewissen Umfang auch geplant und vorbereitet sein.

---

[15] Bertram/Rüsenberg (2021, 15, 71 f. und 106).

Dennoch stürzt sich jeder Musiker, der ein komponiertes Stück aufführt – ob er es von den Noten liest oder auswendig vorträgt – in ein Abenteuer, dessen Ausgang von Anfang an ungewiss ist und bis zum Schluss offen bleibt. Viele Interpreten von komponierten Werken berichten deshalb auch von der Erfahrung neuer und unvorhersehbarer Dinge, die sich während einer Aufführung ereignen.[16] Die Interpretation einer Fuge von Johann Sebastian Bach kann also – man denke hier nur an Glenn Gould – eine sehr schöpferische Tätigkeit sein.

Es gibt keine Garantie für den Erfolg eines solchen Unternehmens. Dabei denke ich nicht nur an mehr oder weniger große „Patzer" bei der Aufführung eines Werks. Der Versuch einer bestimmten Interpretation kann nämlich trotz einer exakten Wiedergabe aller Noten katastrophal scheitern. Der Hörer erwartet vom Interpreten die Schaffung einer emotionalen Atmosphäre. Er wünscht sich zudem Hinweise auf Details und Nuancen, die in bisherigen Interpretationen nicht herausgearbeitet wurden. Er achtet womöglich auf eigenwillige Eingriffe eines Interpreten, der unter Umständen sehr „kreativ" mit den Vorgaben des Komponisten umgeht und sich nicht „sklavisch" um eine „werkgetreue" Aufführung einer Partitur bemüht.

Ohnehin gilt es in diesem Zusammenhang zu beachten, dass die allzu starre Entgegensetzung von freier Improvisation und Wiedergabe von komponierter Musik relativ rezent ist. Viele Kompositionen der klassischen Musik verdanken ihren Ursprung mehr oder weniger freien Improvisationen der Komponisten.[17]

Außerdem legen viele Kompositionen vor allem im Barock die genaue Wiedergabe eben nicht fest, sondern stellen sie – nicht ohne ihm einige Regeln vorzugeben – ins Belieben des Interpreten. Die Partitur von Arcangelo Corellis *Violin Sonaten* (Op. 5) unterscheidet sich gar nicht so sehr vom Leadsheet für den Song *A Foggy Day* von George Gershwin.[18]

Nicht zuletzt ist bekannt, dass viele Komponisten klassischer Musik auch die Kunst der Improvisation in hohem Maße beherrschten und um ihrer selbst willen schätzten.[19] Die Improvisation war nie nur ein Mittel zum Zweck der Sammlung von Einfällen für neue Kompositionen.

Wir sehen also: Auch die Aufführung von Kompositionen erlaubt dem Interpreten eine ganze Reihe von Freiheiten. Diese lassen mehr oder weniger Raum

---

[16] Cook (2018, 31).
[17] Gardiner (2016, 293 f.). Siehe auch DeVeaux (1997, 11).
[18] Cook (2018, 34 f.).
[19] Bertram und Rüsenberg (2021, 24 ff.).

für die Spontaneität, die womöglich nicht bis ins letzte Detail hinein geplant ist und vorbereitet werden kann. Es gibt somit keinen Grund, der „freien" Improvisation von Musik einen absoluten Vorrang bei der Befriedigung unserer Lust auf Neues einzuräumen.

Eine Jazz-Improvisation mag unbestritten ihre großen Vorzüge haben. Doch auch die Interpretation von komponierter Musik in der Klassik macht eine spezifische und anspruchsvolle Form von kreativer Aktivität möglich, die der Improvisation in keiner Weise nachsteht.

Halten wir die wichtigsten Ergebnisse meiner Überlegungen zur künstlerischen Kreativität noch einmal fest: Im Bereich der Kunst ist die Erwartung an Originalität besonders groß. Kunst soll das Alte in Frage stellen und zu einer Erweiterung des Horizonts ihrer Rezipienten beitragen. Dabei hat sich auch im Bereich der Kunst die romantische Auffassung eines einsamen, von übernatürlichen Kräften inspirierten Genies als fragwürdig herausgestellt.

Der Künstler ist indessen nicht nur ein Agent, der unter dem Einfluss sozialer oder psychischer Zwänge steht, die ihm selbst nicht einmal unbedingt bekannt sein müssen. Künstlerische Kreativität setzt vielmehr eine gewisse Freiheit und Autonomie voraus, bleibt dennoch auf einen kulturellen Kontext angewiesen, der die neuen Werke einem angemessen informierten und bei der Interpretation selbst kreativ werdenden Publikum verständlich erscheinen lässt.

Kunstwerke, so haben wir gesehen, können mehr oder wenig originell sein, expressive Kunst kann mehr oder weniger innovationsfreudig sein. Kein Zweifel: Manche Kunstwerke haben neue Regeln gesetzt und damit neue Traditionen begründet. Dennoch wäre es ein kapitaler Fehler, würde man die große Bedeutung der Tradition für die Ausübung der künstlerischen Kreativität in Frage stellen.

Kreative Akte sind in mehrfacher Hinsicht auf Traditionen angewiesen: Sie entnehmen den kulturellen Kontexten eine weithin geteilte „Sprache", die sie erst verständlich werden lassen, und sie können sich an radikalen kreativen Akten orientieren, die uns eben in Traditionen überliefert werden. Die Musik von Johann Sebastian Bach gilt heute selbst als Teil einer Tradition. Das sollte allerdings nicht über die Tatsache hinwegtäuschen, dass Bach selbst zu seiner Zeit mit einigen Traditionen radikal gebrochen hat. Ähnliches gilt für Ludwig van Beethoven, für Arnold Schönberg und für die Erfinder des Bebop in New York City oder des Bossa Nova in Rio de Janeiro.

Erkenntnisfortschritte 5

Nicht zuletzt weil sie eng mit den subjektiven Dimensionen unseres Lebens verknüpft sind und als Ausdruck unserer Emotionen gelten, werden Kunstwerke vielfach als herausragende Beispiele für kreative Leistungen des Menschen angesehen. Oft heißt es, dass Künstler mit ihren Werken eine neue Welt „erschaffen" und deshalb mit Göttern verglichen werden können.[1] Im Vergleich dazu mögen Wissenschaftler wie phantasielose Buchhalter wirken. Zwar können sie unbekannte Galaxien und schwarze Löcher „entdecken". Aber im Gegensatz zum Künstler spricht man ihnen in aller Regel keine Kraft zur „Schöpfung" neuer Gegenstände oder gar neuer Welten zu.

Friedrich Nietzsche spottet in *Jenseits von Gut und Böse:* „Im Verhältnisse zu einem Genie, das heisst zu einem Wesen, welches entweder zeugt oder gebiert …, hat der Gelehrte, der wissenschaftliche Durchschnittsmensch immer etwas von der alten Jungfer. Denn er versteht sich gleich dieser nicht auf die zwei werthvollsten Verrichtungen des Menschen." (KSA 5, 133) Nicht nur spricht Nietzsche dem Wissenschaftler jegliche Zeugungskraft ab; seine – höchst fragwürdige – These lautet gleichzeitig, dass die Kreativität das höchste Gut im Leben sei.

Versteht man „Kreativität" allerdings in einem weiteren und erst einmal wertneutralen Sinn als die Hervorbringung von Neuem in der Welt, dann gibt es keinen Zweifel, dass wir Lust auf neue Erkenntnisse verspüren und deshalb auch eine Erweiterung unseres Wissens kreativ ist. Ganz abgesehen davon, dass es – denken wir an Philosophen wie Michel de Montaigne oder Friedrich Nietzsche und an Künstler wie Leonardo da Vinci oder Johann Wolfgang von Goethe –

---

[1] Steiner (2001, 115).

ohnehin einen fließenden Übergang zwischen der Wissenschaft und der Kunst gibt, können auch Erkenntnisse über uns selbst, die Gesellschaft und die Natur überraschend sein. Selbst wenn Wissenschaftler also „nur" etwas Bestehendes entdecken, Künstler dagegen etwas Neues erschaffen, kann die Arbeit von Wissenschaftlern doch sehr kreativ sein.

Außer Frage steht zudem: Ein Zuwachs von Erkenntnissen ist in vielfacher Hinsicht von Nutzen. Es liegt auf der Hand, dass neue Einsichten von instrumentellem Wert sind. Sie können unser Leben länger, angenehmer, interessanter und sogar gerechter machen. Sie können sogar einen finalen Wert haben, denn das Streben nach der Wahrheit ist ein wichtiger Teil des guten Lebens, den wir auch um seiner selbst willen schätzen.[2] Für manche Menschen mag die Suche nach neuen Erkenntnissen und Einsichten sogar der *zentrale* Inhalt ihrer Vorstellung eines guten, gelungenen Lebens sein.

Sowohl bedeutenden Naturwissenschaftlern wie Albert Einstein als auch wichtigen Sozialwissenschaftlern wie Alexis de Tocqueville wird man daher eine Fähigkeit zur Kreativität bescheinigen. Vielleicht haben ihre Werke keine neuen Welten geschaffen, aber sie haben zumindest unsere *Vorstellungen* von Raum und Zeit oder unsere *Bilder* der modernen Gesellschaft revolutioniert. Wir haben es in den Wissenschaften zwar mit einer besonderen Art der Kreativität zu tun, dennoch wird man von keiner fundamentalen Andersartigkeit sprechen können. Wissenschaftliche und künstlerische Kreativität befinden sich auf ein und demselben Kontinuum.[3] Auch Künstler können uns mit ihren Werken neue Einsichten eröffnen; umgekehrt verschaffen uns Gelehrte mit ästhetisch ansprechenden Präsentationen ihrer Erkenntnisse daher oft auch große Lust und viel Vergnügen.[4]

Nun gibt es weder „die" Kunst noch „die" Wissenschaft. Sowohl in den unterschiedlichen Kunstgattungen als auch in den unterschlichen wissenschaftlichen Disziplinen nimmt „das" Neue unterschiedliche Formen und Gestalten an. Wenn wir uns eines groben Unterschieds zwischen Naturwissenschaften und Sozial- bzw. Geisteswissenschaften bedienen wollen, so sieht man schnell, dass sich neues Wissen auf unterschiedliche Gegenstände beziehen kann. Es gibt ganz unterschiedliche Arten von Erkenntnissen: Wichtig ist insbesondere der Unter-

---

[2] Rinderle (2007, 188 ff.).
[3] Miller (1996); Weisberg (2006, 57).
[4] Abraham (2018, 278).

5 Erkenntnisfortschritte

schied zwischen dem Wissen als wahrer und gerechtfertigter Meinung einerseits und dem Verstehen als Einsicht in umfassende Zusammenhänge andererseits.[5]

Der Naturwissenschaftler – um an dieser unvermeidlich groben Unterscheidung festzuhalten – erforscht die vom menschlichen Handeln mehr oder weniger unabhängige, „objektive" Welt und versucht, die wichtigsten Zusammenhänge der Bestandteile der Natur zu „erklären". Aber auch er prägt neue Begriffe wie „Galaxie" oder „dunkle Materie" zur Bezeichnung von Gegenständen, die wir nicht direkt beobachten können.

Der Geistes- bzw. Sozialwissenschaftler bezieht sich dagegen auf die „subjektive" oder „intersubjektive" Welt und ist eher darum bemüht, das menschliche Denken und Handeln zu „verstehen". Es geht dabei nicht um ein Wissen von Fakten, sondern um die Deutung des Sinns der Erzeugnisse des menschlichen Geistes. Und der Sprache kommt dabei eine besondere Aufgabe zu.

Das Gebäude, in dem kranke Menschen von Spezialisten versorgt werden, wird erst durch einen schöpferischen Akt im Medium der Sprache zu einem „Krankenhaus".[6] Wir versammeln durch eine solche Taufhandlung eine Konstellation von Personen, Gegenständen und Handlungen gleichsam unter den Schirm eines Begriffes, mit dessen Hilfe wir dann ähnliche Konstellationen an anderen Orten bezeichnen können. Ähnliches gilt für Begriffe wie „Markt" oder „Theater". Ohne solche Wortschöpfungen könnten wir von manchen Dingen reden, die für unser Leben wichtig sind, gar nicht reden.

Damit soll nicht infrage gestellt werden, dass auch subjektive Empfindungen wie Lust oder Leid eine harte, objektive Realität für sich in Anspruch nehmen können. Zudem wird man sagen dürfen, der Schmerz einer Person ist nicht nur für die betroffene Person ein Übel.[7] Der Schmerz einer Person ist schließlich kein bloß privates Konstrukt ihrer Einbildung. Selbst wenn er anderen Personen nicht unmittelbar zugänglich sein sollte, so kann man doch die Tatsache, dass eine Person Schmerzen hat, nicht leugnen. Und empathische Menschen nehmen schließlich auch an den Gefühlen anderer Menschen Anteil und können ihre Schmerzen nachempfinden.

Die Hervorbringung neuer Einsichten macht in diesen Bereichen nicht nur unterschiedliche Vorgehensweisen erforderlich: Wenn ich etwas „erklären" möchte, so bin ich vor allem auf Daten und Beobachtungen angewiesen.

---

[5] Rinderle (2007, 221 ff.).
[6] Harré (2009, 274 und 285 f.).
[7] Nagel (1986, 160 f.).

Wenn ich dagegen etwas „verstehen" möchte, muss ich versuchen, mich in die Perspektive einer Person oder einer Gemeinschaft hineinzuversetzen, um die Bedeutung ihres Tuns und Lassens nachzuvollziehen.

Auch die Auswirkungen von wissenschaftlicher Arbeit unterscheiden sich unter Umständen erheblich: Das Wissen um kausale Zusammenhänge erlaubt uns eine Beeinflussung und Nutzung der Natur für bestimmte Zwecke; das Verstehen der unter Umständen kreativen Äußerungen von Personen oder von Gemeinschaften kann zu einem neuen Selbstverständnis von Individuen oder Kulturen führen.

Der Naturwissenschaftler wird den Gegenstand seiner Forschung in aller Regel nicht gutheißen oder kritisieren; der Geistes- und Sozialwissenschaftler wird dagegen gar nicht umhinkommen, in manchen Fällen das „Objekt" seiner Untersuchungen auch zu bewerten. Auf diese Weise nehmen Wissenschaftler mehr oder weniger direkt auch Einfluss auf die Wirklichkeit selbst. Neue Erkenntnisse können daher zur Umgestaltung der Welt beitragen, und das ist ein zusätzlicher Aspekt der schöpferischen Dimension unserer Suche nach neuen Erkenntnissen.

Diese grobe Unterscheidung müsste man in vielerlei Hinsicht qualifizieren und präzisieren. Insbesondere sollte man keine unüberbrückbare Kluft zwischen den Geistes- und den Naturwissenschaften postulieren.[8] Auch die Erklärung von Vorgängen in der „objektiven" Natur ist auf Vorannahmen angewiesen und hängt von bestimmten Begriffen und Modellen ab. Unsere Erfahrung, das wissen wir spätestens seit Kant, ist ein Produkt von mentalen Schemata, und neue Erkenntnisse über die Natur müssen im Medium der Sprache fixiert und formuliert werden.[9]

Umgekehrt sind der willkürlichen Konstruktion von Sinn und Bedeutung in den Geistes- und Sozialwissenschaften mehr oder weniger enge Grenzen gezogen. Das Wissen über andere Personen oder Gesellschaften entspringt schließlich nicht der reinen Imagination. Auch in diesem Bereich sind neue Einsichten auf Erfahrung und Beobachtung angewiesen, die an einem Ideal der Genauigkeit gegenüber einer von der wissenschaftlichen Praxis unabhängigen geistigen oder sozialen Realität orientiert bleiben sollten.[10]

Wie entstehen neue Erkenntnisse? Wie kommen neue Einsichten in die Welt? Wie kann man sich die Fruchtbarkeit eines Gelehrten vorstellen? Führen wir uns noch einmal einige allgemeine Eigenschaften der menschlichen Kreativität vor Augen und sehen uns dabei einige Besonderheiten der wissenschaftlichen Kreativität an.

---

[8] Wilson (2017, 186 ff.).
[9] Harré (2009, 276).
[10] Rinderle (2007, 213).

5 Erkenntnisfortschritte

Kreatives Handeln setzt etwas Neues in die Welt. Die wissenschaftliche Forschung hat zwar nicht direkt die Hervorbringung neuer Gegenstände in der Welt zu ihrem Ziel, doch sie bezweckt die Erweiterung unseres Wissens über unsere Welt. Außerdem sind Erkenntnisse ihrerseits Teile unserer Welt und können, darauf habe ich hingewiesen, einen Einfluss auf die Gegenstände nehmen, die sie zum Inhalt haben. Der Wissenschaftler erklärt und versteht die Welt also nicht nur, manchmal verändert er sie auch. Der entscheidende Punkt ist jedoch, dass auch Erkenntnisse neu und überraschend sein können.

Bedeutet das, dass der wissenschaftliche Fortschritt keine systematisch betriebene Aktivität ist, weil er zuletzt nur von spontanen Geistesblitzen abhängt? Wieder denke ich, das wäre eine falsche Sicht der Dinge.[11]

Wie die Schöpfungskraft der Kunst hängt auch die wissenschaftliche Kreativität zu einem großen Teil von akribischen Vorarbeiten, zielgerichteten Beobachtungen und in vielen Fällen zusätzlich von einem gut organisierten institutionellen Rahmen ab, der eine Kooperation zwischen verschiedenen Personen aus unterschiedlichen wissenschaftlichen Disziplinen ermöglichen kann. Als Beispiel für das gute Funktionieren eines institutionalisierten Forschungsprozess seien die Arbeiten von Francis Crick und James Watson genannt, die zur Entschlüsselung der Molekularstruktur der DNA führten.[12]

Wie für die Kunst gilt also auch für die Wissenschaft, dass die Entdeckung von überraschenden Neuigkeiten zwar nicht vorhersehbar, doch aber das Ergebnis von umfangreichen Vorarbeiten, von vielen Versuchen und Fehlern sowie von gut organisierter Kooperation ist.[13]

Der Groschen mag zu einem unvorhersehbaren Zeitpunkt fallen: So entdeckte der Chemiker Friedrich August Kekulé den Aufbau des Benzol-Moleküls im Traum. (Über die große Bedeutung von Träumen für die Kreativität wird in diesem Essay noch an anderen Stellen die Rede sein.) Darin erschien ihm eine Schlange, die sich selbst in den Schwanz beißt. Das war die Lösung eines der großen Rätsel der Chemie: Die Atome des Benzol-Moleküls waren in einer ringförmigen Struktur angeordnet.[14] (Inzwischen gibt es allerdings eine Debatte darüber, ob diese Entdeckung nicht eigentlich Johann Josef Loschmidt, dessen Arbeiten Kekulé gut kannte, zugeschrieben werden müsste.)

---

[11] Weisberg (2020, 235 ff.).
[12] Weisberg (2006, 237 f.).
[13] Johnson (2011, 137 ff.).
[14] Boden (2004, 25 ff.).

Aber wenn der Groschen fällt, so ist das weder auf das Eingreifen göttlicher Kräfte noch auf das Walten des reinen Zufalls zurückzuführen. Es ist den sich über einen teilweise langen Zeitraum erstreckenden Bemühungen von talentierten und engagierten Menschen zu verdanken, die eine angemessene Wertschätzung für ihre Arbeit verdienen. Kekulé hatte lange Zeit über die Struktur bestimmter Moleküle geforscht und ließ sich dabei offensichtlich auch von den Arbeiten unbekannterer Kollegen inspirieren. Die Bedeutung von Wissenschaft geht somit auch nicht in einer bloßen Funktion zur Erhaltung und Erweiterung von politischer Macht oder zur Stabilisierung bestimmter innerpsychischer Triebstrukturen von Individuen auf.

Beziehen wir manche Erkenntnisse aber nicht auch von den Göttern? Ist die Idee einer unveräußerlichen Würde und der damit einhergehenden Gleichheit aller Menschen eine Idee, die wir insbesondere den Lehren des christlichen Gottes verdanken? Und spielt nicht der Zufall bei vielen wissenschaftlichen Entdeckungen eine wichtige Rolle? Verdankt sich die Entdeckung der magnetischen Wirkung der Elektrizität durch den Physiker Hans Christian Oersted genauso wie die Entdeckung der Röntgen-Strahlen durch den Physiker Wilhelm Conrad Röntgen nicht jeweils glücklichen Zufällen?

Diese Auffassungen muss man nicht ablehnen, um an ihnen doch ein Fragezeichen anzubringen: Einerseits könnte nämlich die Idee eines Gottes selbst wiederum auf einen schöpferischen Akt des Menschen zurückzuführen sein. Gut möglich, dass die Lehren Gottes nichts anderes als Projektionen von besonders kreativen Menschen sind. Andererseits muss man die Rolle des Zufalls gar nicht bestreiten, um gleichzeitig darauf hinzuweisen, dass die Entdeckungen von Oersted und Röntgen jeweils in einem wissenschaftlichen Kontext eingebettet waren, der eine lange Zeit der Vorbereitung und der Einordnung der Beobachtungen bestimmter Ereignisse ermöglichte. Ihre Entdeckungen fielen also nicht aus heiterem Himmel.

Die Ergebnisse wissenschaftlicher Forschung sind allerdings im Unterschied zu Kunstwerken wohl tatsächlich in erheblich geringerem Umfang auf die Kreativität bestimmter *Individuen* angewiesen. Gerade in den modernen Naturwissenschaften ist die Arbeitsteilung sehr stark ausgeprägt, und wissenschaftliche Forschung wird heute zu einem großen Teil in Teams betrieben. Die „Weisheit der Vielen" und die „Schwarmintelligenz" sind in jüngster Zeit zu prominenten Topoi einer sozialen Epistemologie avanciert.[15]

---

[15] Surowiecki (2007); Landemore (2013, 17 ff.).

5 Erkenntnisfortschritte

Dagegen ist die Originalität von Kunstwerken sehr viel enger mit besonderen Persönlichkeiten verbunden als die Erweiterung unserer Erkenntnisse. Die DNA hätte auch von anderen Wissenschaftlern und zu einer anderen Zeit als von James Watson und Francis Crick im Jahr 1953 entschlüsselt werden können.[16] Zur Komposition der 7. *Symphonie* war dagegen nur ein Ludwig van Beethoven in der Lage. Man kann sich nicht vorstellen, dass, wäre Beethoven nach der Komposition seiner 6. *Symphonie* gestorben, Bruckner oder Brahms die 7. *Symphonie* Beethovens hätten komponieren können.

Die Kreativität in der Kunst hängt somit tatsächlich sehr viel stärker von besonderen Individuen ab als die Kreativität in den Wissenschaften. Kunstwerke sind immer von einer subjektiven Dimension geprägt – gerade auch wenn es um neue Formen der emotionalen Expressivität geht. Wissenschaftliche Untersuchungen orientieren sich dagegen an einem Ideal der Erweiterung unseres Wissens über eine gegebene, objektive Realität.[17]

Aus diesem Grund kann man die Unterscheidung zwischen personenbezogener (P-K) und historischer Kreativität (H-K) im Bereich der Wissenschaften viel eher verwenden als im Bereich der Künste.

Dafür gibt es ein schönes Beispiel:[18] Als junger Mann entdeckte der britische Mathematiker Alan Turing im Jahr 1934 eine „neue" Verfeinerung eines bekannten Theorems der Statistik und bewarb sich um ein Stipendium an der Universität Cambridge. Im Gegensatz zu den Gutachtern der Universität wusste er nicht, dass diese Neuigkeit bereits einige Zeit vorher von einem skandinavischen Mathematiker entdeckt und publiziert wurde.

Turing hatte also „nur" eine mathematische Formel entdeckt, die zu diesem Zeitpunkt bereits bekannt war. Seine Entdeckung war also zwar keine Ausprägung einer H-K, aber sie war doch ein Beispiel für P-K und eventuell sogar für G-K. (Die Gutachter aus Cambridge honorierten damals übrigens dessen P-K und gewährten Turing das Stipendium.) Die Wissenschaft kann darüber hinaus „neues" Wissen generieren, das der Menschheit im Laufe der Geschichte verloren gegangen ist. Dann könnte man von einer Variante der P-K und alle Zeitgenossen einschließenden G-K sprechen, die dennoch nicht in einem strikten Sinne H-K ist.

Da die Individualität des Künstlers jedem Kunstwerk seinen Stempel aufdrückt, erscheint dagegen schon die Annahme absurd, Beethovens Komposition

---

[16] Weisberg (2006, 6).
[17] Miller (1996, 430).
[18] Boden (2004, 47).

der *7. Symphonie* könnte nur ein Beispiel für G-K oder P-K sein. Genauso können wir die Möglichkeit ausschließen, dass der Roman *Auf der Suche nach der verlorenen Zeit* von einem anderen Schriftsteller als Marcel Proust in einer anderen Kultur als des französischen *Fin de siècle* geschrieben hätte werden können.

Das Phänomen einer nur eindimensionalen Erweiterung unserer Erkenntnisse wird man in den Künsten nicht auf dieselbe Weise wie in den Wissenschaften antreffen.[19] Ein originelles Kunstwerk wird also immer eine Neuigkeit für die gesamte Menschheit sein. Eine wissenschaftliche Entdeckung kann dagegen vollständig in Vergessenheit geraten und lange Zeit später noch einmal gemacht werden.

Während die Idee des Äthers als Medium für die Ausbreitung von Licht heute als überholt gilt, besitzt Homers *Ilias* daher eine zeitlose Gültigkeit. Lester Youngs musikalische Innovationen im Swing mögen in einem gewissen Sinn zwar als überholt gelten, doch haben sie im Jazz ihre Spuren hinterlassen. Gewiss, die Entwicklung ist weit über Lester Youngs Neuerungen hinausgegangen. Sein improvisiertes Solo über George Gershwins Song *Oh, Lady be Good* hat dennoch nichts von seiner ursprünglichen Frische und Vitalität verloren. Zwar überhört man nicht, dass diese Musik reichlich Patina angesetzt hat. Aber das macht nur einen zusätzlichen Reiz des Werks aus – gerade aufgrund der zeitlichen Entfernung und der daraus resultierenden Fremdartigkeit. In diesem Sinn ist ein Kunstwerk immer etwas Individuelles und Unersetzliches.

Im Vorübergehen habe ich bereits auf ein weiteres Merkmal der wissenschaftlichen Forschung aufmerksam gemacht, das in den Augen mancher Betrachter in vielen Gattungen der Kunst nicht besonders stark ausgeprägt sein muss: Die Hervorbringung neuer Erkenntnisse über die Welt hängt heute von institutionellen Strukturen ab, die eine Kooperation verschiedener Personen aus teilweise unterschiedlichen Disziplinen ermöglichen.

Mit der folgenden Aussage befindet sich der englische Philosoph John Stuart Mill daher in einem großen Irrtum: „Die Anregung zu allen klugen und vortrefflichen Vorschlägen kommt – und zwar notwendig – von Einzelnen, im Allgemeinen zuerst von einem Einzelnen."[20] Wissenschaftliche Forschung findet heute vielfach in straff organisierten Zusammenhängen statt, die auch eine starke Spezialisierung und Arbeitsteilung verschiedener Personen ermöglichen.

---

[19] Miller (1996, 436 f.); Steiner (2001, 236).
[20] Mill (1974, 96).

5 Erkenntnisfortschritte

Kunstwerke sind dagegen oft das Ergebnis des Schaffens von freien, einsamen Individuen. Aber auch in den Künsten gibt es viele Beispiele – wie den Kölner Dom, die Aufführung einer Sinfonie durch ein Orchester oder die Improvisation eines Ensembles über einen Jazz-Standard – für die Kreativität von Kollektiven.

In mancherlei Hinsicht ist die Unterscheidung zwischen künstlerischer Originalität und wissenschaftlichem Erkenntnisfortschritt zwar unverzichtbar. Auch hier sollte man indes nicht davon ausgehen, dass es einen unüberbrückbaren Graben zwischen wissenschaftlicher und künstlerischer Kreativität gibt. Schließlich ist auch die Hervorbringung von Kunstwerken in vielen Bereichen auf arbeitsteilig organisierte Institutionen angewiesen: Wenn wir an die Aufführung von Opern, die Produktion von Filmen oder die Errichtung von Kathedralen denken, dann wird klar, dass auch die künstlerische Kreativität von der Kooperation vieler Personen mit ihren unterschiedlichen Fähigkeiten abhängen kann. Aus diesem Grund ist die soziale Dimension ein wesentlicher Faktor für die Ausbildung und Ausübung von künstlerischer Kreativität.[21]

Umgekehrt beobachtet man in den Wissenschaften, die die Arbeitsteilung und Spezialisierung zu weit treiben, manchmal ein Versiegen der kreativen Kraft von einzelnen Individuen. Der Forschungsbetrieb läuft unter Umständen auf Hochtouren; die Ergebnisse fallen, setzt man sie ins Verhältnis mit dem Aufwand, dennoch recht bescheiden aus. Kooperation ist in vielen Domänen kreativen Handelns ohne jeden Zweifel notwendig, sie garantiert jedoch nicht die Hervorbringung von Neuem. Wir werden auf das Engagement und die Einfälle einzelner Individuen auch nie völlig verzichten können.

Vielleicht beruht die Annahme einer Überlegenheit der kognitiven Fähigkeiten einer Ansammlung von Menschen auf einem Missverständnis: Es könnte nämlich sein, dass die Vielfalt von Meinungen in einer Gruppe tatsächlich ein kreativitätsfördernder Faktor ist, das einzelne Individuum aber nach wie vor die entscheidende Instanz für die Hervorbringung von überraschenden Neuigkeiten bleibt.[22]

Auf jeden Fall sollte man sich an dieser Stelle vor Verallgemeinerungen hüten und sich stattdessen um eine historische Sensibilität bemühen: Unter Umständen waren die meisten Innovationen lange Zeit tatsächlich eher auf einzelne Individuen zurückzuführen; und unter Umständen sind es heute eher Kollektiv-

---

[21] Cook (2018, 20).
[22] Johnson (2011, 58 ff.).

akteure, die originelle Kunstwerke, Erkenntnisse und Institutionen hervorbringen.[23]

Auf einen letzten Punkt möchte ich noch eingehen, den ich im vorigen Kapitel bereits angesprochen habe und dem ich mich im weiteren Verlauf meiner Untersuchung noch einmal ausführlicher zuwenden werde: den Einfluss der Ergebnisse von kreativer Aktivität auf unser Selbstverständnis und unsere kulturelle Identität.

Aufgrund ihrer subjektiven Dimensionen können Kunstwerke einen unmittelbaren Einfluss auf unsere Emotionen und damit unsere Lebenspraxis nehmen. Früher war es die Kirche, die das Handeln und Denken der Menschen beeinflusst hat; später waren es Romane und Opern, die eine Funktion zur Vermittlung von Werten und zur Orientierung unseres Lebens übernahmen; heute sind es vielfach Filme und die Popmusik, die dieser Aufgabe nachkommen. Die Kunst kann einen Beitrag zur unter Umständen kreativen Neuausrichtung der Lebensführung leisten.

Das gilt grundsätzlich auch für wissenschaftliche Erkenntnisse, selbst wenn sie vielen Menschen weniger zugänglich sind als Kunstwerke. Der Verlust der heliozentrischen Vorstellung des Kosmos war ein großer Schock für die Menschheit; und die Erkenntnisse von Charles Darwin in der Evolutionsbiologie oder die Einsichten von Sigmund Freud im Bereich der Psychologie führten zu nachhaltigen Erschütterungen im Selbstverständnis des Menschen.

Ähnliches gilt für die Gesellschaftstheorie und die Philosophie. Die Untersuchungen des Soziologen Alexis de Tocqueville habe ich oben schon erwähnt. Auch Philosophen wie Hegel, Marx, J. St. Mill und Nietzsche im 19. Jahrhundert oder Heidegger, Foucault, Rawls und Habermas im 20. Jahrhundert hatten und haben zum Teil bis heute einen großen Einfluss auf politische Entwicklungen.

In der Gegenwart stellen uns insbesondere die Ergebnisse der Klimaforschung vor neue Herausforderungen, die einer kreativen Lösung bedürfen. So wird es eines großen Maßes an politischer und institutioneller Imagination bedürfen, um einen wirksamen Schutz der moralischen Rechte zukünftiger Generationen zu gewährleisten.

Es wird darüber hinaus der philosophischen Phantasie bedürfen; und auch reine Gedankengebäude ohne Bezug zur uns bekannten Wirklichkeit erfordern ein hohes Maß an Kreativität. Die „Realisierbarkeit" ist nicht der einzige Maßstab, an dem wir die Erzeugnisse unserer Imagination bewerten. Daher interessieren wir uns bis heute sowohl für Platons *Politeia* als auch für Thomas Morus' *Utopia*.

---

[23] Johnson (2011, 228 ff.).

5 Erkenntnisfortschritte

Die zahlreichen Begründungen der Moral und der Gerechtigkeit von Platon und Aristoteles über Immanuel Kant und John Stuart Mill bis John Rawls und Jürgen Habermas kann man ebenfalls als kreative Erweiterungen unserer Erkenntnisse anerkennen.[24]

Ziehen wir ein kurzes Resümee: Die Erweiterung unseres Wissens wird als ein wichtiger Bereich der Ausübung unseres Vermögens zur Kreativität gelten müssen. Neue Erkenntnisse sind zudem unverzichtbare Mittel bei der Anwendung unserer Schöpferkräfte in anderen Bereichen des Lebens. Die Kunst und die Politik sind genauso auf Erkenntnisse über die Wirklichkeit angewiesen wie die Medizin oder die Pädagogik.

Wir sollten uns dabei immer davor hüten, verschiedene Arten des Wissens über einen einzigen Kamm zu scheren. Es gibt unterschiedliche Formen von Erkenntnissen – je nachdem, auf welchen Gegenstand sie sich beziehen und in welcher Form sie präsentiert werden. Die Art des Wissens wird auch die Einschätzung ihres Werts tangieren. Unterschiedliche Formen des Wissens sind auf unterschiedliche Art und Weise vorteilhaft. Ganz allgemein unterscheidet man zwischen einem instrumentellen Nutzen und einem finalen Wert neuer Erkenntnisse: Wissen kann ein Mittel zur Erreichung anderer Zwecke sein; es kann aber auch um seiner selbst geschätzt werden.

---

[24] Mulgan (2018, 356).

Die Meise des Indianers 6

Im zarten Alter von neun Jahren hatte Plenty Coups (1848–1932), der zukünftige Häuptling des Indianerstamms der Crow, einen Traum. Die Büffelherden waren verschwunden, und dabei hatten das Leben und die ganze Kultur der Crow die Jagd auf Büffel zu ihren Grundlagen. Statt der Büffel sah Plenty Coups in seinem Traum die Bullen, Kühe und Kälber des weißen Manns auf den Präriegründen des Indianerstammes. Viele Einzelheiten des Traumes konnte er sich nicht erklären, doch er gab ihm eine Vorahnung von der bevorstehenden Katastrophe: der Zerstörung der traditionellen Lebensweise der Crow.[1]

Der Junge traf in seinem Traum auch auf eine Meise; es könnte sich um den amerikanischen Singvogel namens Indianermeise gehandelt haben. Die Meise genoss unter den Crow große Hochachtung und war ein wichtiger Bestandteil ihrer kulturellen Tradition. Der Vogel gab ihm einen Rat: Er solle offen bleiben, dem weißen Mann zuhören; er solle bereit sein, von anderen zu lernen und sich auf Neues einzulassen; und er solle sich auf große Veränderungen vorbereiten, um das Überleben seines Stammes zu sichern.[2]

Auch auf diesen Teil des Traumes konnte sich Plenty Coup zunächst keinen Reim machen. Dennoch blieb er ihm und den anderen Crows, denen er seinen Traum erzählte, lange Zeit im Gedächtnis. Die gemeinsame Deutung von Träumen war für die Crow eine wichtige Hilfe für Entscheidungen, die ihr Zusammenleben betrafen.

Plenty Coups nahm die Inhalte seines Traums ernst. Sie spornten ihn an, dem Kommenden mit Mut und Zuversicht zu begegnen. Er verspürte zunächst sicher-

---

[1] Lear (2020, 109 ff.).
[2] Lear (2020, 115 und 122 und 140 f.).

lich keine große Lust auf Neues, die Veränderungen wurden den Crow schließlich von außen mit Gewalt aufgezwungen. Doch er schöpfte, wie der Philosoph Jonathan Lear sagt, eine „radikale Hoffnung" aus seinem Traum.[3] Der Häuptling hatte als Kind zwar keine klare Vorstellung, was der Traum bedeuten sollte und was die Meise ihm sagen wollte. Doch er war gewappnet. Er konnte sich auf den Untergang seiner traditionellen Lebensweise und auf eine Möglichkeit des Überlebens in radikal veränderten Umständen vorbereiten.

Plenty Coups begnügte sich nicht mit dem billigen Trost, dass jede Krise eine Chance biete, man sich vom Vergangenen trennen, alte Werte nur „loslassen" müsse und den Blick nach vorne wenden solle. Seine Bemühungen einige zentrale Bestandteile seiner Kultur am Leben zu erhalten, sollten zuletzt von Erfolg gekrönt werden.

Dem Häuptling der Crow gelang es, seine Wertschätzung des Alten mit einer Offenheit gegenüber dem Neuen zu verbinden. Der vertraute Boden unter seinen Füßen war verloren gegangen. Dennoch glaubte Plenty Coups an das schier Unmögliche und engagierte sich für das Weiterleben seines Stammes in einer Welt, in der es keine Büffel mehr gab.

Jonathan Lear nennt diese radikale Hoffnung „eine Erscheinungsform kreativer Vortrefflichkeit".[4] Plenty Coups' Traum – und in einem gewissen Sinn muss man auch die Inhalte dieses Traums als eine kreative Leistung ansehen – gab ihm nämlich eine überraschende Antwort auf das unabwendbar scheinende Schicksal der Crow.

Diese Antwort entsprang nicht einem Geistesblitz, sondern war das Ergebnis einer lebenslangen Anstrengung, den Rat der Meise zu befolgen. Plenty Coups war nicht bereit, sich der Aufrechterhaltung von sinnentleerten Ritualen zu widmen, um die bittere Wirklichkeit des Verlusts seiner Kultur zu verdrängen. Er folgte indessen auch nicht dem Beispiel des benachbarten Indianerstammes der Sioux, die sich mit allen Kräften gegen das Neue sträubten, sich mit Haut und Haar gegen die Invasion des weißen Mannes wehrten und dabei untergingen.

Plenty Coups, so könnte man deshalb sagen, befolgte den Rat, den Kreon in Sophokles' *Antigone* (709–714) beharrlich ignorierte. Kreons Sohn Haimon mahnt ihn zum Nachgeben: „Aber daß ein Mann, selbst wenn er weise ist, vieles hinzulernt, ist gar keine Schande … Du siehst am winterlichen Strom, daß die Bäume, die sich beugen, ihre Zweige bewahren, was aber sich gegen stemmt, geht entwurzelt zugrunde." Und während Kreon am Ende der Tragödie einen

---

[3] Lear (2020, 10 und 142 ff.).
[4] Lear (2020, 174).

totalen Schiffbruch erleidet, kann Plenty Coups die Kultur der Crow in eine neue Zeit hinüberretten.

Wie gelang es Plenty Coups, eine vollständige Zerstörung seines Stammes zu verhindern? Er verstand die Kultur seines Stammes, zu deren wesentlichen Bestandteilen der Mut, die Tapferkeit und die Ehre des Kriegers zählten, nicht als monolithischen Block, der keine Entwicklungen zulässt. Er verstand die Traditionen, auf denen sein Leben gründete, nicht als unveränderbare Wesenheiten, an denen man unter allen denkbaren Umständen stur festhalten muss. Er war bereit, sich auf etwas Neues einzulassen, und trat in Gespräche und Verhandlungen mit den weißen Männern ein. Er verbündete sich mit ihnen im Kampf gegen die Sioux, musste zwar viele Rückschläge hinnehmen, rang ihnen aber auch einige wichtige Zugeständnisse ab.

Kurz: Er öffnete sich einem interkulturellen Dialog.[5] Und es gelang ihm dabei sogar, an die Tradition der Crow anzuknüpfen und den Tugenden des Kriegers in veränderten Umständen einen neuen Ausdruck zu verleihen. So rettete er viele angestammte Territorien der Crow sowie einen Teil deren Kultur in eine neue Zeit hinüber.

Plenty Coups' Bereitschaft, sich auf neue Umstände einzulassen, um das Überleben seines Stammes zu sichern, kann als wunderbares Beispiel für die Kreativität in der privaten und politischen Praxis des Menschen fungieren. In der Kunst führt die Hervorbringung von Neuem manchmal zu Meisterwerken, die zum kulturellen Erbe der Menschheit zählen; und in den Wissenschaften können neue Erkenntnisse zu vielen Verbesserungen und großen Erleichterungen im Leben führen – auch wenn die Kreativität der einzelnen Personen, denen wir sie verdanken, in Vergessenheit gerät.

Aber die Kreativität hat ihren Platz auch im Privatleben und in der Politik, in außergewöhnlichen Umständen und im banalen Alltag einzelner Menschen. Sowohl in der Politik als auch im Privatleben können wir dabei auf die Kreativität mit einem großen K und die Kreativität mit einem kleinen k treffen.

Das Leben konfrontiert uns manchmal mit harten Schicksalsschlägen: Man hat den Verlust wichtiger Menschen zu beklagen, oder man bekommt plötzlich die Diagnose einer unheilbaren Krankheit gestellt. Wie gibt man dem Leben, so die Frage, in ausweglos scheinenden Situationen eine neue Richtung? Wie bricht man aus Gewohnheiten und Zwängen aus? Kann man dem eigenen Leben – oder der

---

[5] Vgl. Rinderle (2021, 389 ff.).

Identität einer Gemeinschaft – eine neue Wende geben? Ist eine kreative Lebenskunst möglich?

Um diese Fragen zu beantworten, müssen wir noch einmal zurückblicken. Wir haben uns mit der Kreativität in der Kunst und in den Wissenschaften beschäftigt, und in diesen Bereichen werden in der Regel außergewöhnliche Werke und Leistungen erwartet. Nicht jeder Mensch kann ein kreativer Künstler sein, obwohl doch bereits die Aneignung von Kunstwerken, wie wir gesehen haben, teilweise große kreative Anstrengungen voraussetzt.

Wenn wir uns nun dem Alltag des Menschen zuwenden, so treffen wir auch dort auf die elementar verstandene Fähigkeit, etwas Neues in die Welt zu setzen. Schon jede einzelne Handlung eines Menschen stellt in einem gewissen Sinn eine Neuigkeit dar. Auch Emotionen, obwohl sie keine Resultate von absichtlichen Handlungen sind und in den meisten Fällen eher passiv erlebt als aktiv gewollt werden, können selbstredend mehr oder weniger neu und überraschend sein.

Im Privatleben zeigt sich die Kreativität des Menschen vor allem bei der Bestimmung einer Vorstellung des guten Lebens. Sie manifestiert sich außerdem dort, wo wir Bindungen mit anderen Personen eingehen und pflegen. Sehen wir uns diese Spielarten der Lust am Neuen in der alltäglichen Praxis des Menschen nacheinander im Detail an.

Menschen sind mit Fähigkeiten zum Handeln, zum Denken und zum Sprechen ausgestattet. Dabei müssen wir uns an dieser Stelle gar nicht den Kopf darüber zerbrechen, wie diese Kompetenzen miteinander zusammenhängen und ob sie auch anderen Lebewesen zugeschrieben werden können. Wichtig ist lediglich: Bereits jede einzelne Handlung ändert den Lauf der Dinge und setzt etwas Neues in die Welt. Auch jeder Gedanke und jeder Sprechakt hat – mögen deren Inhalte auch schon 1000-mal gedacht oder gesagt sein worden – einen gewissen Neuigkeitswert.

Sicherlich sind verschiedene Handlungen auf einem breiten Spektrum angesiedelt, das sich von einer verschwindend geringen bis zu einer sehr hohen Ausprägung von Kreativität erstreckt. Dennoch sollten wir die Einsicht festhalten, dass jedem Menschen die Möglichkeit zur Verfügung steht, etwas Neues hervorzubringen – und zwar allein deshalb, weil er handeln, denken und sprechen kann.

Hannah Arendt hat dieses Phänomen mit dem Begriff der „Natalität" bezeichnet: „Sprechend und handelnd schalten wir uns in die Welt der Menschen ein, die existierte, bevor wir in sie geboren wurden, und diese Einschaltung ist wie eine zweite Geburt, in der wir die nackte Tatsache des Geborenseins bestätigen, gleichsam die Verantwortung auf uns nehmen."[6] Mit jeder Handlung und mit jedem Gedanken – selbst wenn sie bis zu einem gewissen Grad geplant und vorhersehbar sind – wird eine neue Tatsache in die Welt gesetzt. Mit jeder Handlung können wir außerdem weitere Handlungen, Gedanken und sprachliche Äußerungen bei anderen Menschen anstoßen.

Wir sind also Geschöpfe, die im Sprechen und Handeln ihre eigene Schöpfungskraft entdecken können. Denn mit jeder Handlung ergreifen Menschen die Initiative und ändern den Lauf der Dinge. „In diesem ursprünglichsten und allgemeinsten Sinne ist Handeln und etwas Neues Anfangen dasselbe."[7] Wirklich *jede* Handlung ist somit eine Manifestation unserer Kreativität.

Es gibt hier, das ist klar, viele Möglichkeiten. Wenn ich nach einem anstrengenden Arbeitstag ein Glas Wein trinke, hält sich der Überraschungseffekt womöglich in engen Grenzen. Etwas kreativer ist es schon, eine Freundin anzurufen und sie zu fragen, wie es ihr geht.

Eine weitere Stufe der Kreativität ist erreicht, wenn ich einem anderen Menschen meine Zuneigung zum Ausdruck bringe – und durch einen solchen Akt bei diesem Menschen vielleicht ein reziprokes Gefühl der Zuneigung mir gegenüber wecke. Wir können neue Bindungen mit anderen Menschen eingehen, wir können neue Freundschaften knüpfen, eine Familie oder einen Verein gründen, und wir können ein Patenamt übernehmen.

Emotionen, die wir anderen Menschen entgegenbringen, sind in den meisten Fällen eng mit einer Vorstellung eines guten Lebens verknüpft: Was verschafft uns Befriedigung im Leben? Was macht uns glücklich? Worin sehen wir den Sinn des Lebens? Welche Pläne und Projekte wollen wir verfolgen? Wie gestalten wir die Beziehungen zu unseren Mitmenschen?

Gewiss, wir können diese Fragen beantworten, indem wir uns an sozialen Normen und Erwartungen orientieren. Die Kultur, in der ein Mensch aufwächst, wird eine Reihe von Vorschlägen enthalten, wie er sein Leben auf eine sinnvolle und befriedigende Weise führen kann. Und es gibt überhaupt keinen Grund, diese Vorschläge zu ignorieren oder gering zu schätzen. Kein Mensch wird ganz von Null anfangen, seine Erziehung und seine Vorbilder werden ihm eine Orientierung geben. Dennoch sind wir an diese Vorgaben nicht unser Leben lang

---

[6] Arendt (1960, 165).
[7] Arendt (1960, 166).

gebunden. Wir besitzen das Vermögen, unsere Wertvorstellungen zu überdenken und bei Bedarf auch zu korrigieren und zu ändern.

Der Philosoph John Rawls hat diese Fähigkeit in seinem Buch *Politischer Liberalismus* unterstrichen: Bürger sind frei, und das bedeutet, sie werden für fähig gehalten, ihre Konzeptionen des guten Lebens „zu revidieren und zu verändern, und wenn sie dies wünschen, können sie es auch tun".[8]

Wir können unsere Lebenspläne und –projekte reflektieren, und wenn sich unsere Konzeptionen des Guten plötzlich ändern, „sind wir geneigt zu sagen", so Rawls, „dass wir nicht länger dieselbe Person seien".[9] Unsere Werte prägen also unsere Identität als Person, doch Konzeptionen des Guten sind „nicht unveränderlich, sondern formen und entwickeln sich im Prozess der Reifung und können sich im Laufe des Lebens mehr oder weniger einschneidend verändern".[10] In solchen Fällen können wir tatsächlich von der Entstehung neuer Personen durch einen schöpferischen Akt sprechen.

Bei John Stuart Mill wird die Ausübung dieser Fähigkeit, einen Lebensplan für sich selbst zu entwerfen und zu verändern, sogar zu einer der wichtigsten Ingredienzien eines guten Lebens: „Wo nicht der eigene Charakter, sondern Tradition oder Sitten anderer Leute die Lebensregeln aufstellen, da fehlt es an einem der hauptsächlichsten Bestandteile menschlichen Glücks."[11] Mill lobt – angesichts der Gefahren, die den Freiheiten des Menschen in modernen Gesellschaften drohen – den Nonkonformismus und macht ihn sogar zu einer Bedingung eines guten Lebens.

In seinem Essay *Über die Freiheit* empfiehlt Mill eine exzentrische Lebensführung: „Gerade weil die Tyrannei der öffentlichen Meinung so stark ist, ... ist es erwünscht, dass man exzentrisch ist, um diese Tyrannei zu durchbrechen. ... das Ausmaß der Exzentrizität in einer Gesellschaft stand immer im genauen Verhältnis zu dem Potenzial von Genie, Geisteskraft und sittlichem Mut, den sie enthielt. Dass so wenige wagen, exzentrisch zu sein, enthüllt die hauptsächliche Gefahr unserer Zeit."[12]

Die Originalität ist für Mill indes nicht nur ein finaler Wert, sie hat auch einen instrumentellen Nutzen: „Es fehlt immer an Personen, nicht nur, um neue Wahrheiten zu entdecken ..., sondern auch, um neue Bräuche einzuführen. ... diese

---

[8] Rawls (1998, 98).
[9] Rawls (1998, 100).
[10] Rawls (1998, 86).
[11] Mill (1974, 82).
[12] Mill (1974, 97). Siehe auch Mill (2013, 256).

wenigen sind das Salz der Erde, ohne sie würde das Leben ein stockender Pfuhl werden. ... Wenn es nichts Neues zu schaffen gäbe, würde dann der menschliche Intellekt nicht unnötig werden? Wäre es richtig, wenn diejenigen, die nach alter Weise handeln, die Gründe dafür vergäßen und sie nicht wie menschliche Wesen, sondern wie das Vieh ausführten?"[13] Wir sollten uns also darauf besinnen, „dass nichts jemals getan wurde, ohne dass einer als Erster es tat, und dass alles vorhandene Gute die Frucht origineller Schaffenskraft ist".[14]

Tatsächlich mag John Stuart Mill die Bedeutung der Originalität überschätzen: So scheiden sich die Geister an der Frage, ob es Glück und Zufriedenheit nicht auch jenseits von originellen und exzentrischen Lebensentwürfen gibt. Rawls meint etwa, Mills Ideal der Individualität enthalte eine Wertschätzung der moralischen Autonomie, „die sich in einer bestimmten Lebensweise und in einer Form der kritischen Reflexion über unsere grundlegendsten Ziele und Ideale ausdrückt".[15]

Rawls weist aber auch darauf hin, dass die Antworten auf diese Frage – gerade in modernen, pluralistischen Gesellschaften – auseinandergehen: „Viele gläubige Bürger lehnen moralische Autonomie für ihre Lebensweise ab."[16] „So mögen wir eine religiöse, philosophische oder moralische Tradition bejahen, in der wir aufgewachsen und erzogen sind, und der wir als vernünftig Erwachsene erkennen, dass sie im Zentrum unserer Bindungen und Loyalitäten steht. In diesem Fall bejahen wir eine Tradition, deren Ideale und Tugenden einer vernünftigen Überprüfung standhalten und unseren tiefsten Wünschen und Gefühlen entsprechen. Natürlich werden viele ihre erworbenen Überzeugungen und Ziele nicht überprüfen, sondern einfach an sie glauben oder sich damit zufriedengeben, dass dies eben eine Sache von Sitte und Tradition sei. Sie sollten deswegen nicht kritisiert werden."[17] Die Liebe zum Neuen ist somit kein unbedingter und unverzichtbarer Bestandteil eines gelungenen Lebens.

Mill trägt außerdem der Tatsache nicht hinreichend Rechnung, dass die Originalität des Menschen eben auch ihre Schattenseiten haben kann. Aber all das tut der unbestreitbar richtigen Einsicht keinen Abbruch, dass die alltägliche Praxis des Menschen viel Raum lässt für die Ausbildung und Ausübung der Kreativität. Und dass unsere kreative Kraft auch in diesem Bereich für sich selbst

---

[13] Mill (1974, 93).
[14] Mill (1974, 95).
[15] Rawls (1998, 41).
[16] Rawls (1998, 42).
[17] Rawls (1998, 432).

genommen wertvoll ist und als Mittel zur Erreichung einer Vielzahl wünschenswerter Zwecke geschätzt werden kann.

Im Bereich der Moral und der Gerechtigkeit, um jetzt einen Schritt weiterzugehen, kann der Mensch seine Anlage zur Kreativität ebenfalls entfalten. Ich kann einem Menschen etwa versprechen, ihn an einem bestimmten Tag zu besuchen oder mich um ihn zu kümmern. Solche Äußerungen zeugen von einer kreativen Fähigkeit, weil mit ihnen neue Formen der zwischenmenschlichen Beziehung in die Welt gesetzt werden.

Eine gegenseitige Versicherung von Zuneigung kann ein neues emotionales Band zwischen zwei Menschen in die Welt setzen. Ein Versprechen kann dagegen eine neue moralische Verbindung zwischen zwei oder mehr Menschen stiften.[18] Vor allem geht ein Versprechen immer mit einem Anspruch einer Beständigkeit und Beharrlichkeit des Charakters einer bestimmten Person in der Zeit einher.[19] In diesem Zusammenhang haben auch die Geschichten, die wir von unserem Leben erzählen, eine große Bedeutung für die Ausbildung unserer Identität. Darauf gehe ich im übernächsten Kapitel näher ein.

Mit einer emotionalen Bindung werden neue Erwartungen an den Mitmenschen in die Welt gesetzt, und mit einer moralischen Bindung werden neue Verpflichtungen geschaffen. Soziale Verhältnisse also, die man vor den entsprechenden Handlungen noch nicht in der Welt antreffen konnte.

Dabei müssen diese Neuigkeiten nicht auf den Bereich des Privatlebens beschränkt bleiben. Wenn wir der politischen Theorie des Gesellschaftsvertrags Glauben schenken dürfen, kann eine Gruppe von Menschen durch einen Akt des Versprechens sogar einen neuen Staat – sowie die damit einhergehenden moralischen Verpflichtungen – in die Welt setzen.

Auch eine Konzeption der sozialen Gerechtigkeit kann als Resultat eines kreativen Prozesses verstanden werden.[20] Wir entnehmen die Forderungen der Gerechtigkeit schließlich nicht dem Willen eines Gottes; wir können sie auch nicht aus den Gesetzen der Natur ableiten. Wir selbst können uns als Urheber der Normen unseres Zusammenlebens verstehen. Aber dazu mehr im nächsten Kapitel.

An dieser Stelle sollten wir noch eine andere, allgemeine Einsicht festhalten: Unsere Praxis des Versprechens – die auch ein gewisses Maß an Vertrauen voraussetzt – gibt uns die Möglichkeit, neue Tatsachen in die Welt zu setzen.

---

[18] Arendt (1960, 239 f.).
[19] Ricoeur (1990, 147 f.). Vgl. Wedelstaedt (2016, 37).
[20] Rawls (1998, 169 ff.).

Wenn ich meinem Mitmenschen etwas verspreche, so stelle ich mich freiwillig unter eine Verpflichtung, die es sonst nicht geben würde. Wenn ich also meinem Nachbarn verspreche, ihm bei seiner Gartenarbeit zu helfen, kommt damit etwas Neues in die Welt. Ich erwerbe eine moralische Pflicht, die ich vorher nicht hatte.[21]

Würde ich mein Versprechen nämlich brechen, so hätte mein Nachbar einen guten Grund, sich bei mir zu beschweren. Es ist allein mein Versprechen, das diesen Grund und damit auch eine neue moralische Beziehung zu einem meiner Mitmenschen in die Welt gesetzt hat.[22] Auch Friedensverträge zwischen kriegführenden Parteien kreieren übrigens neue Pflichten und Rechte und ermöglichen auf diese Weise die Beendigung von Konflikten.[23]

Auf ähnliche Weise gibt uns die Praxis des Entschuldigens und des Verzeihens die Möglichkeit, sich von einer unmoralischen Handlung zu distanzieren oder sich von einem erlittenen Unrecht gleichsam zu befreien und damit neue Beziehungen zu unseren Mitmenschen zu stiften.[24]

Wenn ich meinen Nachbarn in einem Streit beleidigt haben sollte, so hätte er einen guten Grund, sich über mich zu ärgern und mir aus dem Weg zu gehen. Sollte ich ihn nun für dieses Verhalten um Entschuldigung bitten, so ist damit nicht die Verletzung als solche aus der Welt geschafft. Ist meine Entschuldigung aber glaubwürdig und wird auch von ihm angenommen, so hat der Nachbar zumindest keinen Grund mehr, sich über mich zu ärgern. Wenn die Entschuldigung ehrlich und ernst gemeint ist, dann hat der Nachbar unter Umständen sogar eine Pflicht, sie zu akzeptieren und mir zu verzeihen. (Dieses Problem wird in der einschlägigen Literatur allerdings kontrovers diskutiert.[25])

Das nachbarschaftliche Verhältnis, das vorübergehend arg beschädigt war, ist nach einer Versöhnung wieder intakt. Opfer und Täter können, wie die Philosophin Susanne Boshammer schreibt, „einander wieder auf moralischer Augenhöhe begegnen".[26] Mein Nachbar und ich können an den guten Beziehungen anknüpfen, die wir bisher hatten. Die „Reparatur" einer gestörten Beziehung kann man deshalb ebenfalls als einen kreativen Akt ansehen.

---

[21] Boshammer (2020, 113).
[22] Moran (2018, 132 f.).
[23] Fabre (2016, 94).
[24] Boshammer (2020, 24 f., 81 f. und 116 f.). Vgl. Fabre (2016, 273 ff.).
[25] Philpott (2012, 272 f.); Fabre (2016, 278).
[26] Boshammer (2020, 111). Vgl. Philpott (2012, 259 f.).

Boshammer schreibt, „dass wir uns, indem wir jemandem vergeben, bewusst dazu entschließen, aus dem Boden vergangenen Unrechts etwas *Neues* erwachsen, etwas Lebendiges entstehen zu lassen".[27] Das kann für beide Seiten – für den, der sich entschuldigt, wie auch für den, der verzeiht – von Vorteil sein und überraschende Perspektiven öffnen.

Der Mensch ist im Gegensatz zum Tier also nicht nur ein Wesen, das denken und sprechen kann. Er ist insbesondere auch ein Wesen, das – und dazu wird er sich in aller Regel der Sprache bedienen müssen – versprechen und verzeihen, sich streiten und sich wieder versöhnen kann.

Eine wichtige Rolle kommt in diesem Zusammenhang dem Humor und der Ironie zu.[28] Wenn wir die Dinge aus einer anderen Perspektive betrachten, wenn wir versuchen, die Geschehnisse in ungewohnte Zusammenhänge zu stellen, dann erlaubt uns das eine neue Sicht auf viele Probleme. Wenn wir uns über unsere eigenen Fehler Rechenschaft ablegen, dann fällt es uns auch leichter, nachzugeben, nicht auf unserem Recht zu beharren und die Schwächen unserer Mitmenschen zu tolerieren.[29] Insbesondere mit der Fähigkeit, über uns selbst zu lachen, besitzen wir eine Möglichkeit zur Selbstrelativierung, die auch eine Bereitschaft zur Versöhnung mit anderen Menschen fördern kann. Und auf dieser Grundlage kann unter Umständen wieder etwas Neues entstehen.

Als Vorbild kann uns an dieser Stelle der französische Humanist Michel de Montaigne dienen. In seinem Essay *Über die Gesprächs- und Diskussionskunst* schreibt er: „Unsereiner, der seinem Verstand das Recht abspricht, endgültige Urteile zu fällen, schaut sich die andersartigen Meinungen leidenschaftslos an, und wenn er ihnen auch nicht seine Zustimmung gewährt, finden sie bei ihm doch ein geneigtes Ohr. ... Prallen die Meinungen aufeinander, verärgert oder beleidigt mich das also keineswegs – es dient mir vielmehr als Anregung und Ansporn. ... Eine Freundschaft ist nicht lebendig und weitherzig genug, wenn ihr die Streitlust fehlt, wenn sie sich nur höflich, maßvoll und förmlich gibt, wenn sie Zusammenstöße fürchtet und sich Zwang antut, *denn ohne Widerrede kann man nicht disputieren*. Gibt man mir Kontra, erregt das meine Aufmerksamkeit, nicht meinen Zorn. Dem, der mir widerspricht, öffne ich mich: Ich lerne ja von ihm. Die Wahrheit sollte unser beider Anliegen sein."[30]

---

[27] Boshammer (2020, 40; meine Hervorh.).
[28] Luria et al. (2018).
[29] Lott (2020, 131 ff.).
[30] Montaigne (2011, 3. Buch, 220 f.; Hervorh. i. O.).

„Leidenschaftliche Verbohrtheit in die eigne Meinung", so schreibt der französische Essayist an anderer Stelle weiter, „aber beweist am sichersten tierische Dummheit. Gibt es etwas, das so ausschließlich mit sich selbst befaßt, so unnahbar, so eigensinnig, so selbstherrlich und so herablassend wäre wie der Esel – und so humorlos?"[31]

Gerade wenn wir also eine Bereitschaft kultivieren, auch die komischen Seiten der menschlichen Existenz wahrzunehmen, dann hilft uns das unter Umständen dabei, manche Dinge nicht allzu tragisch zu nehmen und über manche Fehler und Unzulänglichkeiten anderer Menschen hinwegzusehen. Der Humor kann uns auf eine lustvolle Art und Weise ungeahnte Kombinationen scheinbar unversöhnlicher Gegensätze erlauben und so – wenn vielleicht auch nur vorübergehend – einen Ausgang aus einer Welt voller Mühen und Sorgen aufzeigen. Dazu ist ein kreativer Akt notwendig, der uns eine neue, unvorhergesehene Sicht auf die Dinge zur Verfügung stellt.

Der Humor macht es im Idealfall möglich, unseren Mitmenschen mit einer emotionalen Weitherzigkeit und Großzügigkeit zu begegnen. Die moralische Kreativität des Menschen manifestiert sich ja nicht nur in der Schaffung neuer Verpflichtungen durch ein Versprechen. Sie zeigt sich auch in der ehrlichen Bereitschaft, anderen Menschen spontan und von sich aus Unterstützung und Zuwendung anzubieten. Dann geht es nicht mehr um die Frage, was wir einander schulden und welche Rechte und Pflichten wir haben. Auch die Moral braucht manchmal eine kleine Erholungspause und hat einen Anspruch auf Urlaub.

Nicht jede Leistung verlangt in einer Freundschaft nach einer Gegenleistung; und manchmal sollte man einfach „alle Fünfe gerade sein lassen". Man muss also nicht immer alles aufrechnen und über alle erbrachten Leistungen penibel Buch führen. Man kann und soll manchmal Dinge tun, die über die Forderungen der Moral hinausgehen. Auch mit solchen – wie der Philosoph vom Fach sie nennt – *supererogatorischen* Handlungen können neue und überraschende Tatsachen in die Welt gesetzt werden.

Die Kreativität im Bereich der zwischenmenschlichen Beziehungen ist darüber hinaus die Voraussetzung für die Imagination anderer Sichtweisen und Möglichkeiten. Es fällt uns bisweilen schwer, uns vorzustellen, was in den Köpfen anderer Menschen vor sich geht. Es ist nicht immer ganz einfach, ihre Sicht der Dinge zu verstehen. Vor allem ist es schwierig, uns in den Schmerz und das Leiden anderer Menschen hineinzuversetzen.

---

[31] Montaigne (2011, 3. Buch, 245).

Schon die Ausübung unserer Vorstellungskraft im Hinblick auf das Denken und Empfinden anderer Menschen kann man deshalb als einen kreativen Vorgang bezeichnen. Mit der Einsicht in die Befindlichkeiten unserer Mitmenschen mag für ein Individuum etwas ganz Neues in die Welt kommen – zumindest im Sinne der P-K. Auch die Empathie kann uns also zu einer neuen Sicht auf andere Menschen verhelfen.

Das bedeutet allerdings nicht, dass wir die Kreativität mit der Imagination gleichsetzen sollten.[32] Einerseits können auch unsere Phantasien konventionell sein und viele Klischees enthalten; die Lust auf Neues kann andererseits nicht nur auf die Vorstellung, sondern auch auf das reale Tun und Lassen der Menschen abzielen.

Wichtig ist dieses Vorstellungsvermögen zudem für die kurz- und langfristigen Auswirkungen unseres gegenwärtigen Handelns. Auch hier ist die Kreativität gefragt. Manchen Menschen fehlt offenbar jedes Verständnis dafür, wie verletzend ihr Verhalten für ihre Mitmenschen ist. Es fehlt ihnen an einem elementaren Einfühlungsvermögen, das ohne Zweifel auch eine gewisse Kreativität voraussetzt.

Vielen Menschen fehlt vor allem auch die Kompetenz, sich die langfristigen Auswirkungen ihres Handelns für zukünftige Generationen vorzustellen. Um unserer Verantwortung für zukünftige Generationen gerecht zu werden, bedarf es also einer Fähigkeit, wissenschaftlich gut belegte Erkenntnisse zu berücksichtigen, die sich auf den ersten Blick als überraschend ausnehmen.[33]

An dieser Stelle sieht man wieder: Für einen moralischen Umgang mit unseren Mitmenschen ist Kreativität eine unumgängliche Voraussetzung. Sie verschafft uns die Möglichkeit, ungewöhnliche und ungewohnte Perspektiven einzunehmen und die Folgen unseres Handelns für andere Menschen in unsere Überlegungen einzubeziehen.

In bestimmten Fällen wird uns die Moral – ob wir das wollen oder nicht – sogar zur Hervorbringung von Neuem *verpflichten*. So bringen Kriege immer sehr viel Leid und Elend über die Welt. Manche Kriege sind unter Umständen tatsächlich moralisch gerechtfertigt, dennoch wird etwa ein Verteidigungskrieg in erster Linie mit dem Ziel der Hervorbringung eines gerechten Friedens geführt. Es besteht somit – auch wenn die Abwehr einer Aggression gerechtfertigt sein kann –

---

[32] Kind (2022, 32 ff.).
[33] Mulgan (2018, 363 f.); Rinderle (2021, 435 ff.).

6 Die Meise des Indianers

eine moralische Pflicht zur Beendigung eines Krieges.[34] Doch die Erfüllung der Pflicht und die Errichtung eines dauerhaften Friedens setzt unter Umständen ein großes Maß an Kreativität voraus.

Wir haben in diesem Kapitel gesehen: Auch in der alltäglichen Lebenspraxis des Menschen gibt es ein weites Anwendungsfeld ihrer Kreativität. Wir sollten die Kreativität zwar nicht zur Bedingung der Möglichkeit des Glücks und eines guten Lebens machen. Doch wird sich der Mensch in vielen Situationen des Lebens dazu gezwungen sehen, sich auf eine Veränderung seiner Umstände einzustellen und neue Verhaltensweisen auszuprobieren.

Dabei kann schon jede einzelne Handlung als die Hervorbringung einer Neuigkeit gewertet werden. Menschen können neue Bindungen und Beziehungen eingehen; sie können ihre Lebenspläne einer Überprüfung und Korrektur unterziehen; und sie können neue moralische Verhältnisse schaffen – durch Versprechen und Versöhnungen wie auch durch Akte der Großzügigkeit. Dazu müssen sie nicht selten ihre Angst vor einer Veränderung überwinden, sie müssen Mut haben und Hoffnung schöpfen, sich auf Experimente einlassen und die Überzeugung entwickeln, dass Verbesserungen ihres Lebens möglich sind.[35]

Selbst das Zusammenbrechen einer Kultur, die dem Menschen eine Orientierung für sein Leben gibt, muss nicht in eine totale Verzweiflung und in den ethischen Tod eines Individuums oder einer Gemeinschaft führen. Am Beispiel Plenty Coups' haben wir gesehen, dass die Kraft zur ethischen und moralischen Erneuerung selbst den Untergang einer über mehrere Generationen hinweg etablierten Lebenspraxis überdauern kann. Die Kreativität gibt uns somit einen Grund für die Möglichkeit einer radikalen Hoffnung auch in Situationen, die ausweglos erscheinen.

---

[34] Fabre (2016, 26 ff. und 284).
[35] Swanton (2021, 100 ff.).

Demokratische Innovationen 7

Auch die Politik bietet viele Möglichkeiten zur Entfaltung unserer Kreativität. Gerade die Erfindung der Demokratie darf als eine der überraschendsten Neuigkeiten der Geschichte der Menschheit gelten. Demokratische Institutionen sind dabei nicht nur das Resultat von Innovationen, sie erlauben es den Bürgern darüber hinaus, bei der Regelung ihres Zusammenlebens auf Dauer selbst kreativ zu sein.

Die Demokratie ist ein wertvolles Produkt unserer kreativen Kräfte auf dem Feld der Politik. Da sie eine Bereitschaft zum Kompromiss und vielleicht auch zur Konformität verlangt, wird sie von einigen Denkern allerdings auch als ein Hindernis für die Kreativität insbesondere in der Kunst angesehen. Die Demokratie kann sich somit als eine ambivalente Institution erweisen. Dazu später mehr.

Beginnen wir von vorne: Kreativität setzt oft die Kooperation verschiedener Menschen voraus. Entgegen einer romantischen Vorstellung kommt das Neue nicht durch das einsame, irrationale Genie in die Welt.[1] Innovationen basieren auf Arbeit und Fleiß, auf Planung und Beharrlichkeit. Sie setzen oft eine Zusammenarbeit verschiedener Menschen voraus. Training und Teamarbeit, nicht nur Inspiration in der Isolation.

Die Errichtung und die Erhaltung von Strukturen der Zusammenarbeit sind dabei selbst das Resultat kreativen Handelns. Und Institutionen können ihrerseits die Koordination von Handlungen befördern und auf diese Weise zur gemeinschaftlichen Produktion neuer Güter beitragen.[2]

---

[1] Sawyer (2007, 7).
[2] Buchanan (2011, 39).

Zwar beobachtet man auch im Tierreich – etwa bei den Ameisen oder den Bienen – einige Ansätze zur Zusammenarbeit.[3] Nur sind diese Ansätze instinktgeleitet und nicht das Resultat von bewussten, absichtlichen Handlungen. Der Mensch, darauf weist schon Aristoteles in seiner *Politik* hin, hat „als einziges Lebewesen Sprache" (1253a10). Nachdem selbst sozialen Tieren eine Sprachbegabung fehlt, sie nicht „das Nützliche und Schädliche, und daher auch das Gerechte und Ungerechte" (1253a15) darlegen können, sind sie nicht zu Reformen und Verbesserungen ihrer „Institutionen" des Zusammenlebens fähig.[4]

Ameisenstämme und Bienenstöcke lassen keinen Platz für die Eigenständigkeit ihrer Mitglieder und kennen etwa keine Meinungsfreiheit. Die menschliche Natur ist dagegen das Resultat einer Mischung von individueller und kollektiver Selektion. Jeder Mensch ist sowohl mit einem Selbsterhaltungstrieb als auch mit altruistischen Motiven ausgestattet, wobei die Anteile dieser Triebfedern bei unterschiedlichen Menschen und in unterschiedlichen Gesellschaften natürlich variieren.[5]

Die Gestalten der sozialen Kooperation zeichnen sich nicht nur durch eine ungeheure Vielfalt aus, sie waren im Laufe der Geschichte zudem immer wieder der Kritik ausgesetzt. Eine große Bedeutung kommt dabei politischen Utopien zu. Man kann sie als mentale Modelle verstehen, die uns neue Bewertungsmaßstäbe für das Zusammenleben vermitteln sollen. Sie können Narrative zur Legitimation von Herrschaft infrage stellen und uns von Selbsttäuschungen befreien. Sie können uns einen Maßstab zur Kritik der existierenden Verhältnisse in die Hand geben und einen Weg aufzeigen, wie sich Krisen bewältigen lassen.[6]

Gewiss, manche Utopien sind völlig unrealistisch. Aber auch sie können einen wichtigen Zweck erfüllen. Die Umsetzung einer Utopie hängt von den jeweiligen Umständen ab. Was gestern noch als „utopisch" galt, mag heute Teil der Wirklichkeit sein und morgen als „alter Schnee" von vorgestern gelten. Eine realitätsfremde Vision kann nach einiger Zeit als realistische Alternative zu den herrschenden Umständen erscheinen. „Realistische Utopien" können Ideale oder Ziele zur Verbesserung der Gesellschaft enthalten.[7]

---

[3] Wilson (2012, 109 ff.).
[4] Moran (2018, 8 f.).
[5] Wilson (2012, 52 ff.; 2017 97 f.).
[6] El Ouassil/Karig (2021, 467 ff.).
[7] Rawls (2002, 4).

Wir können dabei zwischen kreativen Theoretikern und kreativen Praktikern unterscheiden.[8] Die moralische Imagination oder die politische Phantasie mögen zur Entdeckung neuer *Möglichkeiten* des guten Lebens und der gerechten Gesellschaft beitragen. Das Engagement, die Durchsetzungsfähigkeit und der Mut sind dann außerdem dazu erforderlich, diese Ideen in ungünstigen Umständen ins Werk zu setzen und *Wirklichkeit* werden zu lassen.

Nun gibt es natürlich ein breites Spektrum von Möglichkeiten zur Zusammenarbeit. An dieser Stelle interessiert mich aber die auf Dauer gestellte und eine größere Gruppe von Menschen umfassende Kooperation zur Produktion von bestimmten Gütern in der Politik. Die Palette reicht dabei von akephalen Stämmen, dem antiken Stadtstaat und Städtebünden über Imperien und den neuzeitlichen Nationalstaat bis hin zu Formen der globalen Kooperation.[9]

Immer ist ein mehr oder weniger großer Schuss Kreativität im Spiel, und es soll gar nicht in Abrede gestellt werden, dass natürlich auch die politische Kreativität ihre Schattenseiten aufweisen und die Errichtung und Erhaltung staatlicher Institutionen mit viel Leid und Unrecht einhergehen können. Diese Tatsache schließt allerdings den Eigenwert der politischen Kreativität als Ausdruck unseres Vermögens zur kollektiven Selbstbestimmung nicht grundsätzlich aus.

Was sind die möglichen Güter, die eine Erfindung neuer Formen der sozialen Zusammenarbeit als wertvoll erscheinen lassen? Warum sollten wir überhaupt mit anderen Menschen kooperieren? Und warum sollten wir ein Interesse daran haben, neue Formen der Kooperation zu kreieren?

Eine allgemeine Antwort auf diese Frage lautet: Allen Menschen ist ein Interesse an Gütern gemeinsam, die man „öffentliche Güter" nennt. Darunter versteht man Güter, die durch eine Nicht-Rivalität des Konsums und eine Nicht-Ausschließbarkeit gekennzeichnet sind. Beispiele dafür sind die öffentliche (innere und äußere) Sicherheit oder der Schutz des Klimas.

Die Herstellung dieser Güter setzt in aller Regel eine Zusammenarbeit verschiedener Menschen voraus. Zwar ist es denkbar, dass eine Person das öffentliche Gut der Sicherheit allein produziert. Früher oder später wird diese Person jedoch von den anderen Nutznießern dieses Guts eine Gegenleistung fordern. In welcher Form auch immer. Diese Forderung werden die betreffenden Personen wiederum mit bestimmten Ansprüchen quittieren. Spätestens zu diesem Zeitpunkt bedarf es klarer Vereinbarungen über bestimmte Regeln der Kooperation.

---

[8] Mulgan (2018, 352).
[9] Spruyt (1994).

Eine besondere Klasse der öffentlichen Güter sind die Allmende-Güter.[10] Manchmal spricht man auch von „unreinen" öffentlichen Gütern, weil ihr Konsum, im Gegensatz zu reinen öffentlichen Gütern, zwar eine Rivalität aufweist, dennoch aber niemand von deren Konsum ausgeschlossen werden kann. Beispiele für solche Allmende-Güter sind öffentliche Wiesen und Wälder, Fischbestände in den Weltmeeren oder frei zugängliche Parkanlagen.

Die Errichtung und Erhaltung der sozialen Kooperation zählen zu den größten Problemen von Wissenschaft und praktischer Politik. Zunächst einmal können wir davon ausgehen, dass jeder Mensch seine eigenen Interessen verfolgt. Stellen wir uns einen Zustand vor, in dem es kein Privateigentum und keine Instanz der Machtausübung gibt, die irgendwelche Ansprüche durchsetzen könnte. Wenn mein Nachbar einen Brunnen gegraben hat, dann werde ich mir dort – solange er keinen Zaun errichtet hat – ebenfalls Wasser holen. Wenn genug Wasser da ist, rivalisiert mein Konsum nicht mit dem Konsum des Nachbarn.

Irgendwann wird der freundliche Nachbar freilich ungeduldig werden und meine Mitarbeit einfordern. Spätestens dann müssen wir uns (hoffentlich gemeinsam) Gedanken machen.[11] Wir bedürfen der Kreativität zur Errichtung eines fairen Systems der sozialen Kooperation!

In vielen Bereichen gibt es natürlich massive Schwierigkeiten, die sich der Organisation von kooperativen Unternehmungen in den Weg stellen. Es fällt auch nicht schwer, zahlreiche Beispiele über den Zusammenbruch und das Scheitern von kooperativen Anstrengungen aufzulisten. Für Menschen, die realistisch denken und sich keinen Illusionen hingeben, stellt das Scheitern von kooperativen Bemühungen keine Überraschung dar. Sie wussten schon immer, dass die Menschen zuerst und vielleicht auch zuletzt an den eigenen Vorteil denken und deshalb nur begrenzt zur Kooperation bereit sind. Die Zusammenarbeit von sprach- und vernunftbegabten Lebewesen, das lehrt die Erfahrung, ist also immer vom Scheitern bedroht.

Die große Überraschung besteht darin, dass die Geschichte zahlreiche Beispiele für das *Gelingen* von Kooperation zwischen Menschen kennt. Gerade bei der Produktion und der Verteilung von Allmende-Gütern kann man auf viele erfolgreiche Formen der Zusammenarbeit zumindest in lokalen Kontexten verweisen.[12] Das Drama der Allmende nimmt also nicht unbedingt einen tragischen Verlauf.

---

[10] Rinderle (2013).
[11] Rawls (1998, 81 ff. und 415 ff.).
[12] Ostrom (1990); Rinderle (2013).

Nicht immer, man kann es nicht oft genug wiederholen, sind Innovationen allerdings positiv zu bewerten. Die politische Kooperation hat viele grausame Verbrechen ermöglicht, und der Krieg in der Ukraine ist nur das jüngste Beispiel in einer langen Serie von politisch motivierten und organisierten Gräueltaten. Dennoch kann die politische Kooperation – auch wenn sie manchmal rabenschwarz ist – als Manifestation von Kreativität gelten, die in vielen Bereichen große Wohltaten möglich gemacht hat.

Sehen wir uns jetzt die prominentesten Beispiele von politischer Kreativität in einem kurzen Überblick an. Auch wenn man darüber streiten kann, ob die Demokratie wirklich zum ersten Mal (im Sinne der H-Kreativität) im antiken Athen auftauchte, so darf man zumindest davon ausgehen, dass diese Institution im 5. vorchristlichen Jahrhundert eine psychologische und zugleich eine gruppenbezogene Neuigkeit (im Sinne der P-K und der G-K) war.

Die Demokratie mag uns heute als selbstverständlich erscheinen. Wir sollten jedoch die außergewöhnlichen Leistungen nicht vergessen, die zur Entdeckung und Implementierung dieser Idee notwendig war. Die Einrichtung demokratischer Verfahren war sicherlich das Werk von Gemeinschaften – womit auch der romantische Mythos widerlegt sein dürfte, wonach das Potenzial zur Kreativität nur Individuen zugeschrieben werden könne!

Wenn wir noch einen kleinen Schritt zurückgehen, so sehen wir, dass bereits die Polis dem Menschen der Antike als eine ganz neue Institution erscheinen musste. Die Athener haben mit dem Stadtstaat „das Politische" erfunden. Sie haben einen öffentlichen Raum eingerichtet, der zur Regelung aller Fragen des Zusammenlebens diente.[13] „Erstmals wurde der Kern der politischen Ordnung zum Gegenstand von Politik", schreibt der Althistoriker Christian Meier. „Die Stiftung von Verfassungen wurde möglich."[14]

Die Regelung von Konflikten und Streitigkeiten werden damit teilweise der Zuständigkeit der direkt Betroffenen entzogen. Statt privater Rache gibt es eine öffentliche, regelbasierte Möglichkeit zur Schlichtung von Konflikten. Die Erfindung von Recht und legalen Institutionen im antiken Athen hat es der Menschheit erlaubt, dem Teufelskreis von Blutrache zu entgehen und den sozialen Frieden innerhalb einer Gemeinschaft zu gewährleisten. Die amerikanische Philo-

---

[13] Meier (1980, 21).
[14] Meier (1980, 40).

sophin Martha Nussbaum hat das in ihren Analysen der *Orestie* von Aischylos sehr überzeugend herausgearbeitet.[15]

Es gibt einen bis heute anhaltenden Disput über die Frage, ob politische Institutionen dem Menschen nun von Natur aus vorgegeben sind, oder ob Herrschaftsverbände die Schöpfung ihrer Mitglieder sind. In seiner *Politik* (1253a1 ff.) nennt Aristoteles den Menschen als ein von Natur aus politisches Lebewesen *(phusei zoon politikon)*. Den Philosophen der Neuzeit ist dieser Gedanke dagegen eher fremd. „Politische Institutionen", schreibt John Stuart Mill in seinen *Betrachtungen über die Repräsentativregierung,* sind „ein Werk der Menschen", die „ihren Ursprung und ihr Vorhandensein allein dem menschlichen Willen verdanken".[16] Daher gibt es seit etwa 500 Jahren einen größeren Spielraum für unsere kreativen Potenziale, selbst wenn bereits in der Politischen Philosophie der Antike über die beste Staatsverfassung nachgedacht wurde.

Tatsächlich erfährt das politische Denken in der Neuzeit eine Radikalisierung. Traditionelle Herrschaftsgebilde versagen und werden zerstört, es kommt zum Zusammenbruch von politischen Gemeinschaften. Der Mensch sieht sich vor eine neue Herausforderung gestellt, es bedarf neuartiger Formen der politischen Organisation.

In dieser historischen Konstellation entsteht der moderne Staat, der ein exklusives Monopol der Zwangsanwendung über ein abgegrenztes Territorium für sich in Anspruch nimmt und so eine bisher unbekannte Art des Zusammenlebens begründet.[17] Außerdem stellt er ein Beispiel für die Auffassung dar, dass soziale Institutionen vom Menschen selbst erschaffen – und zerstört – werden können.

Begleitet wird dessen Entstehung durch die neuzeitliche Vertragstheorie, die eine Antwort auf die Frage nach der moralischen Rechtfertigung des Herrschaftsanspruchs dieses Gebildes formuliert: Der Staat und sein Anspruch auf Gehorsam ist dieser Theorie zufolge dann gerechtfertigt, wenn seine Bürger mit dessen Errichtung *einverstanden* sind.[18] Mit anderen Worten: Die Autorität des Staates ist nicht naturgegeben. Sie gründet vielmehr in der *Zustimmung* oder in einem *Versprechen* des Bürgers, der sich somit auch als Autor – oder Urheber – der

---

[15] Nussbaum (2016, 1 und 169). Vgl. Meier (1980, 161 ff.).
[16] Mill (2013, 11).
[17] Spruyt (1994, 34 und 77 ff.).
[18] Rinderle (2005, 119 ff.).

politischen Gemeinschaft versteht, in der er lebt. Der Staat ist kein Naturereignis, er ist das Werk von Menschen, das Resultat einer menschlichen Schöpfung.[19] Es bedarf dazu keiner demokratischen Verfassung. Die Bürger können auch einem Alleinherrscher ihre Zustimmung geben – so hat sich das jedenfalls Thomas Hobbes in seinem Werk *Leviathan oder Stoff, Form und Gewalt eines kirchlichen und staatlichen Gemeinwesens* aus dem Jahr 1651 vorgestellt. Von Bedeutung ist nur die Kernidee, dass die Autorität einer mit einer Zwangsbefugnis ausgestatteten Institution wie der Staat auf den freien Willen der ihr Unterworfenen zurückzuführen ist.

Nun ist eine organisierte Gruppe von Menschen natürlich zu besonderen Leistungen befähigt. Sie können in einem Herrschaftsgebilde, das bestimmte Vorschriften festlegt und ihre Verletzungen sanktioniert, diejenigen Güter herstellen, die ich oben als „öffentliche Güter" bezeichnet habe. Sie können gemeinsam Schulen, Universitäten und Krankenhäuser bauen, sie können Maßnahmen zum Schutz der öffentlichen Gesundheit ergreifen, sie können ihre innere und äußere Sicherheit gewährleisten. Die Organisation der Zusammenarbeit von Menschen ist nicht nur selbst eine Leistung ihrer Schöpferkraft, sie führt darüber hinaus auch zu einer Erweiterung ihrer kreativen Möglichkeiten.

Man kann nun darüber debattieren, ob es eine echte kollektive Intentionalität gibt, die dann eine Voraussetzung für eine kollektive Kreativität ist. Sind Gruppen nicht einfach nur eine Ansammlung von Individuen? Ist das Ganze wirklich mehr als die Summe seiner Teile? Entsteht hier etwas wirklich Neues? Bei Kollektivimprovisationen im Jazz liegt dieser Gedanke nahe.[20] Oder gibt es diese Art der Intentionalität nur in einem schwachen Sinn als das *Aggregat* der Intentionen von isolierten Individuen?

Wir sollten, so meine ich, dieses Problem ausklammern. Unstrittig dürfte jedenfalls die Tatsache sein, dass Menschen auch in Kollektiven sehr kreativ sind und die Kooperation helfen kann, ihre schöpferischen Fähigkeiten zu erweitern.[21] Unstrittig dürfte weiterhin sein, dass die Einrichtung der Kooperation selbst ein Resultat der kreativen Anstrengung einer Gruppe von Menschen ist.

Für den Zweck der vorliegenden Untersuchung ist die Frage sehr viel interessanter, welche Regeln sich eine Gemeinschaft geben kann. Denn wieder kommt an dieser Stelle die Freiheit des Menschen zur Gestaltung seiner sozialen

---

[19] Arendt (1960, 240).
[20] Hagberg (2017); Cook (2018, 32 f.).
[21] Sawyer (2007); Sannino/Ellis (2014).

Welt ins Spiel. Grundsätzlich können wir unsere Zusammenarbeit so gestalten, dass wir einen „Häuptling" auswählen und ihm unseren Gehorsam versprechen. Eine (von oben oder von außen) aufgezwungene Ordnung wird in vielen Fällen besser sein als der Krieg aller gegen alle. Die Drohung eines allgemeinen Kriegszustandes kann allerdings auch dazu dienen, Angst unter den Menschen zu schüren. Staatliche Herrschaft, dafür gibt es zahllose Beispiele, kann auch zur Unterdrückung und Ausbeutung von Menschen verwendet werden.[22] Friedrich Nietzsche bezeichnet den Staat deshalb sogar als „ein Rudel blonder Raubthiere" (*Genealogie der Moral* II. 17).

Gibt man der staatlichen Ordnung eine demokratische Verfassung, können diese Übel wenigstens zu gewissen Teilen bekämpft und beseitigt werden. Die Kreativität, so könnte man sagen, wird damit selbstbezüglich. Wir setzen eine neue Form des Zusammenlebens in die Welt, die uns die Möglichkeit verschafft, die wichtigsten Fragen der Zusammenarbeit selbst in die Hand zu nehmen und zu regeln. Nicht nur bei der Gründung einer Gemeinschaft, sondern auch im politischen Alltag bleiben wir auf diese Weise kreativ. Die Erfindung und Weiterentwicklung einer demokratischen Verfassung des Staates können deshalb als eine der größten Leistungen unserer Schöpferkraft gelten.

So spürt man auch den großen und berechtigten Stolz, den Perikles an den Tag legt, wenn er über diese Erfindung Athens spricht.[23] Der griechische Staatsmann war sich dessen bewusst, dass mit der Demokratie etwas ganz und gar Neues in die Welt gesetzt wurde.[24] „Wir haben", so zitiert Thukydides ihn im *Peloponnesischen Krieg* (II.37) aus dessen Gefallenenrede, „eine Ordnung des Zusammenlebens, die nicht die Gesetze der Nachbarn zu kopieren trachtet, sind vielmehr selbst eher so manchem Vorbild, als dass wir die anderen nachahmten. Und mit Namen wird sie, weil alles nicht mit Blick auf wenige, sondern auf Mehrheiten organisiert ist, Demokratie genannt."

Diesen Stolz darüber, mit allen bekannten Traditionen zu brechen und etwas radikal Neues in die Welt zu setzen, trifft man in der Neuzeit einerseits bei Jean-Jacques Rousseau. Dieser war sich der Radikalität seiner Idee einer vom Gemeinwillen beherrschten Republik, die er in seinem Buch *Gesellschaftsvertrag oder Die Republik* entwickelte, sehr wohl bewusst – obwohl er einräumte, an einer

---

[22] Rinderle (2005, 3).
[23] Rinderle (2015, 13 ff.).
[24] Meier (1980, 456 f.).

7 Demokratische Innovationen

weit zurückliegenden Praxis in der antiken Polis anzuknüpfen. Die Bürger einer Republik können sich plötzlich als Souverän und als Gesetzgeber verstehen.

Andererseits waren sich auch die Gründerväter der amerikanischen Verfassung – die ihrerseits auf die Idee der Gewaltenteilung von John Locke und Charles de Montesquieu zurückgriffen – im Klaren darüber, dass sie mit der Idee einer repräsentativen Demokratie eine revolutionäre Neuerung einführten, die es ermöglichte, eine Praxis der Selbstbestimmung im geschichtlich neuen Kontext des modernen Nationalstaats in institutionelle Formen zu gießen.[25]

Von großer Bedeutung sind in diesem Zusammenhang die Anerkennung von Menschen- und Grundrechten, die sich mit dem Wunsch nach politischer Selbstbestimmung immer in einem potenziellen Konflikt befinden. Die liberale Demokratie erhebt deshalb auch den Anspruch einer kreativen Synthese verschiedener Ausdeutungen der Werte der Freiheit und der Gleichheit.[26]

Mit der Idee der Demokratie erfährt die Fähigkeit zur politischen Kreativität jedenfalls eine Zuspitzung. Der Mensch ist nicht nur der Schöpfer einer besonderen Form des Zusammenlebens. Er gibt der Zusammenarbeit eine Organisation, die seine permanente Kreativität ermöglicht und verlangt. Die Demokratie kann auf diese Weise das politische Selbstverständnis einer kreativen Kreatur zum Ausdruck bringen.

Auf diese Wertschätzung einer politischen Ausprägung der Kreativität trifft man, wie wir gesehen haben, schon im antiken Athen. Und dann wieder bei der Gründung der Vereinigten Staaten von Amerika: Deren Verfassung, so schreibt der Historiker Joseph Ellis, „left room, up ahead, for an Abraham Lincoln and a Martin Luther King to join the list of founders".[27] Die Kraft zur politischen Innovation ist somit nicht mit der Gründung eines Staates erschöpft. Die Demokratie verleiht uns die Möglichkeit, unsere Kreativität als Bürger durch die politische Partizipation dauerhaft auszuüben!

Dabei gibt es nun immer wieder Streit über die Frage, ob die reale Praxis in etablierten Demokratien dieser hehren Idee auch gerecht wird. Es ist unbestritten, dass diese Praxis viele Defizite aufweist und in vielerlei Hinsicht weit hinter dem Ideal einer kreativen Selbstbestimmung zurückbleibt. Die Demokratie gibt uns jedenfalls – nicht nur im Idealfall, sondern auch in der politischen Realität –

---

[25] Ellis (2007, 8).
[26] Rinderle (2015, 39 ff. und 57 ff.).
[27] Ellis (2007, 243).

die Möglichkeit, diese Frage immer wieder neu zu stellen und mit innovativen Institutionen und Prozeduren zu beantworten.

Brauchen wir mehr Beteiligungsmöglichkeiten der Bürger? Brauchen wir neue Formen der Beteiligung? Wie sieht eine gerechte Form der Repräsentation der Bürger aus? Und wie sollen wir die Foren einer fairen Deliberation und Meinungsbildung organisieren?

Heute wird etwa – durch einen Rückgriff auf demokratische Verfahren der Antike – das Losverfahren zur Auswahl von Bürgerforen als Ergänzung von repräsentativen Mechanismen sowie zur Erweiterung und Vertiefung der deliberativen Elemente unserer Demokratie diskutiert.[28] Die Kreativität könnte so als emanzipatorische Kraft des sozialen Wandels verstanden werden; mit ihrer Hilfe könnte man neue Formen der Kooperation und eine gerechtere Wirtschaftsordnung erschaffen.[29] Der Phantasie sind also auch in diesem Bereich zunächst einmal keine Grenzen gesetzt.

Wenn wir jetzt noch einen Blick auf die gegenwärtigen Herausforderungen werfen, so wird deutlich, dass wir mehr denn je auf unsere Innovationskraft angewiesen sind. Um den umweltpolitischen und sicherheitspolitischen Herausforderungen unserer Zeit zu begegnen, brauchen wir dringend neue Formen der globalen Zusammenarbeit. Nicht ohne gute Gründe wird die Zukunft des neuzeitlichen Nationalstaats zunehmend infrage gestellt.[30] Wir brauchen eine Reform der politischen Institutionen, und wir bedürfen einer Weiterentwicklung des Völkerrechts.

In den letzten 100 Jahren kann man die Entstehung neuartiger Formen der internationalen und globalen Zusammenarbeit beobachten. Der britische Politikwissenschaftler Paul Kennedy weist darauf hin: „Würde ... ein Diplomat oder Zeitungsredakteur aus dem Jahre 1900 in unsere heutige Welt versetzt, so wäre er erstaunt über die Rolle, welche die Internationalen Behörden in unserer globalen Gesellschaft spielen."[31] Denken wir nur an die Vereinten Nationen: „Unbestreitbar hatten die Schöpfer der Vereinten Nationen in gewisser Weise eine neue Weltordnung geschaffen. Die Struktur der internationalen Politik war nach

---

[28] Mould (2018, 112 f. und 194 f.).
[29] Mould (2018, 46 f.).
[30] Spruyt (1994, 183).
[31] Kennedy (2007, 13).

1945 anders als nach 1648 und 1815, sogar anders als nach 1919, weil nun alle Großmächte mitmachten."[32]

Denken wir zudem an regionale Zusammenschlüsse wie die Europäische Union oder globale Organisationen wie den Weltklimarat, die Weltgesundheitsorganisation oder die Welthandelsorganisation.[33] Man kann sagen, dass die Menschheit – vor dem Hintergrund bitterer Erfahrungen im 20. Jahrhundert – eine große Portion an politischer Kreativität an den Tag gelegt hat, um den Herausforderungen unserer Zeit effektiv zu begegnen.

Wohin soll die Reise gehen? Brauchen wir einen Weltstaat, um den Frieden zu sichern und das Klima zu schützen? Und wie sollte ein solches Gebilde aussehen? Oder sollten wir lieber auf die Kräfte eines möglichst freien Marktes setzen? Welche Verfassung sollten wir dem Welthandel geben, um eine möglichst große und gerecht verteilte Wohlfahrt auf unserem Planeten zu sichern? Und wie kann es gelingen, sowohl die innere Integrität wie auch die weltweite Pluralität von Kulturen zu erhalten?[34]

Zuletzt wird es auf die richtige Mischung ankommen: Man wird auf eine Festsetzung eines bestimmten Rahmens von ökonomischen und kulturellen Beziehungen nicht verzichten können. Gleichzeitig wird man dem Austausch von Ideen und Gütern einen möglichst großen Spielraum lassen. Politik, Wirtschaft und Kultur werden sich wechselseitig ergänzen müssen. Es wäre sicher ein Fehler, allein auf eine zentralistische Lösung zu setzen. Genauso verkehrt wäre es allerdings, dem globalen Handel auf ungeregelten Märkten seinen freien Lauf zu lassen.

Aus Gründen der Gerechtigkeit gilt es zunächst die allgemeinen Menschenrechte zu schützen. Zusätzlich wird man bestimmte Formen der Mitsprache und Beteiligung aller Betroffenen fordern. Die Ordnung der Weltwirtschaft wird die beiden Imperative einer effizienten Produktion von Gütern einerseits und einer gerechten Verteilung von Gütern andererseits beachten müssen.[35] Und im Hinblick auf den Wert der kulturellen Diversität sollte man bedenken, dass die Pluralität und Integrität von Kulturen sowohl von einem Weltstaat als auch von ungeregelten, globalen Märkten bedroht sein könnten.

---

[32] Kennedy (2007, 67). Vgl. Schlesinger (2003).
[33] Rinderle (2021, 345 ff.).
[34] Rinderle (2021, 389 ff.).
[35] Rinderle (2021, 205 ff.).

Angesichts dieser Gefahren sollten wir über neue Möglichkeiten der gesellschaftlichen Zusammenarbeit jenseits von Staat und Markt nachdenken. Zu diesem Zweck können wir uns an Beispielen der Produktion und Verteilung von Allmende-Gütern orientieren, die, wie gesagt, in lokalen Kontexten durchaus erfolgreich praktiziert wurden.

In den einschlägigen Debatten spricht man von polyzentrischen Formen der Zusammenarbeit.[36] Wir haben es dabei mit einer Pluralität von Autoritäten und Prozeduren zu tun, die auf mehreren Ebenen der Politik anzutreffen sind. Polyzentrische Kooperation erlaubt nicht nur eine effiziente Produktion und gerechte Verteilung von öffentlichen Gütern. Sie macht darüber hinaus eine faire Beteiligung der Betroffenen möglich und kann einen Konflikt mit dem kulturellen Selbstverständnis unterschiedlicher Gemeinschaften vermeiden.

Was für die Politik gilt, kann auch für die Suche nach Innovationen insgesamt Anwendung finden. Kreativität ist auf Netzwerke angewiesen, die sich in einem flüssigen Aggregatzustand befinden.[37] Weder flüchtige Gase noch solide Metalle sind die Umgebungen, in denen Chaos und Ordnung in ein der Schöpfung förderliches Verhältnis geraten können.

Wir müssen jetzt allerdings noch auf ein Problem eingehen, auf das ich eingangs schon hingewiesen habe. Die politische Kooperation kann ohne Zweifel viel Gutes bewirken. Sie steht jedoch in einem potenziellen Konflikt mit der Selbstbestimmung des Menschen. Demokratische Politik ermöglicht eine bestimmte Art von Freiheit, sie führt aber auch zu Einschränkungen anderer Arten von Freiheit. Vor allem kann sie die künstlerische oder wissenschaftliche Kreativität des Individuums beschränken.

Auf diese Ambivalenzen der Demokratie haben im 19. Jahrhundert Denker wie Alexis de Tocqueville, John Stuart Mill und Friedrich Nietzsche aufmerksam gemacht.

Der französische Aristokrat Alexis de Tocqueville reiste in den 1830-er Jahren durch die Vereinigten Staaten und beobachtete dort eine Tendenz zur sozialen Konformität und zur Nivellierung der Lebensformen: „Ich kenne kein Land, in dem im allgemeinen weniger geistige Unabhängigkeit und weniger wahre Freiheit herrscht als in Amerika."[38]

---

[36] Ostrom (2010); Rinderle (2021, 364 ff.). Vgl. Ellis (2007, 9 und 105 f.); Johnson (2011, 236).

[37] Johnson (2011, 52).

[38] Tocqueville (1976, 294).

Tocqueville spricht deshalb in seinem Werk *Über die Demokratie in Amerika* von einer Tyrannei der Mehrheit; sie „übergeht den Körper und zielt gleich auf die Seele".[39] Der demokratische Souverän bricht den Willen der Menge nicht, „aber er weicht ihn auf und beugt und lenkt ihn; ... er hemmt, er drückt nieder, er zermürbt, er löscht aus, er stumpft ab".[40] Tocqueville meint auch, dass die Bürger „die Fähigkeit selbständigen Denkens, Fühlens und Handelns nach und nach einbüßen und dass sie dergestalt Schritt für Schritt unter die Stufe des Menschentums hinabsinken".[41]

In der Nachfolge von Tocqueville beklagt John Stuart Mill den starken Druck zur allgemeinen Konformität und warnt vor dem Verkümmern der Originalität. In seinem 1859 erschienenen Essay *Über die Freiheit* schreibt er: „Die Gemeinschaft hat jetzt deutlich den Vorrang vor dem Individuum gewonnen, und die Gefahr, die jetzt die menschliche Rasse bedroht, ist nicht das Übermaß, sondern der Mangel persönlicher Impulse und Vorrechte. ... Nicht nur in dem, was andere betrifft, sondern auch in dem, was nur ihn allein angeht, fragt sich der Einzelne oder die Familie nicht: was ziehe ich vor? oder: was entspricht meinem Charakter und meinen Neigungen? ... Nein, sie fragen sich: was ist meiner Lage angemessen? Was tun Leute meines Ranges und in meiner finanziellen Lage? ... So wird der Geist selbst ins Joch gebeugt."[42]

Die Originalität, verstanden als das Vermögen, „neue Wahrheiten zu entdecken und aufzuzeigen", „neue Bräuche einzuführen und Beispiel zu geben für aufgeklärtere Lebensführung, besseren Geschmack und Sinn im Menschenleben", komme in der Demokratie unter die Räder.[43] Die „Ursprünglichkeit im Denken und Tun" werde nicht mehr ihrem eigentlichen Wert entsprechend geschätzt.[44] Mill spricht von einer „Tyrannei der öffentlichen Meinung".[45] Allerdings ist er doch der Ansicht, dass sich die Kreativität der Individuen zur Weiterentwicklung demokratischer Formen der Selbstbestimmung nutzen lässt.

Noch sehr viel radikaler kritisiert Friedrich Nietzsche die Demokratie. Kein gutes Haar lässt er an ihr. Gegen Ende des 19. Jahrhunderts vertritt er die Auf-

---

[39] Tocqueville (1976, 295).
[40] Tocqueville (1976, 815).
[41] Tocqueville (1976, 817).
[42] Mill (1974, 88 f.).
[43] Mill (1974, 93).
[44] Mill (1974, 95 f.).
[45] Mill (1974, 97).

fassung einer generellen Unvereinbarkeit von demokratischer Gleichheit der Bürger und künstlerischer Kreativität des Individuums. Und seine Sympathien gelten sicher nicht der Gleichheit! Er hängt vielmehr einer romantischen Auffassung an und meint, nur Individuen könnten kreativ sein.[46]

Die Demokratie beschimpft er in *Jenseits von Gut und Böse* „als eine Verfalls-Form der politischen Organisation", „als ... Verkleinerungs-Form des Menschen", „als Vermittelmässigung und Werth-Erniedrigung" (KSA 5, 126). Für Nietzsche steht die Kreativität des Künstlers über allen anderen Werten.[47] Er bezeichnet das Zeugen und Gebären als „die zwei werthvollsten Verrichtungen des Menschen" (KSA 5, 133). Ein gleiches Recht auf politische Mitwirkung kann nur als eine Gefahr für diesen höchsten Wert erscheinen.

Nietzsche wird man mehrere Dinge entgegenhalten müssen: Er vertritt eine fragwürdige, romantische Auffassung von Kreativität und hat überdies eine einseitige Wertschätzung der Kreativität des Künstlers. Nicht nur ist darüber hinaus seine pauschale Kritik der demokratischen Gleichheit problematisch, auch kann seine radikale Ablehnung einer Möglichkeit der Vereinbarkeit von künstlerischer Kreativität und demokratischer Gleichheit nicht überzeugen. Dennoch: Nietzsche weist auf ein besonderes Spannungsverhältnis von kollektiven und individuellen Manifestationen von Kreativität hin, das wir wohl nie vollständig aus der Welt werden schaffen können.

Wie wird die Welt in 50 Jahren und in 500 Jahren aussehen? Davon können wir uns keine genaue Vorstellung machen. Auch die Menschen im Jahr 1520 konnten nicht in die Zukunft blicken, und selbst ein Zeitreisender aus dem Jahr 1970 hätte Schwierigkeiten, sich in der Gegenwart zurechtzufinden.

Unsere Kinder und Enkel werden sich bis zum Jahr 2070 jedenfalls auf viele Veränderungen und neue Entwicklungen einstellen müssen. Die Kreativität einiger Menschen stellt andere Menschen immer auch vor mehr oder weniger große Anpassungsschwierigkeiten. (Die Furcht vor dem Neuen, darauf habe ich mehrfach hingewiesen, muss nicht in allen Fällen unbegründet sein.) Und im Jahr 2520 werden unsere Nachfahren in einer Welt leben, die uns wahrscheinlich – so wie die Welt im Jahr 1520 – sehr fremd erscheinen wird.

Zu vermuten steht allerdings: Die Lust und Liebe zum Neuen wird nicht von der Erdoberfläche verschwinden. Die Menschen werden weiterhin innovativ bleiben, überraschende Ideen entwickeln und ins Werk setzen. Dabei wird man

---

[46] Ikuta (2020, 115).
[47] Ikuta (2020, 113).

7 Demokratische Innovationen

nicht nur die Menschen als kreativ bezeichnen, die diese Neuigkeiten einführen, sondern auch die Menschen, die lernfähig genug sind, um sich auf sie einzulassen. Plenty Coups, der das Neue ja nicht gerade (wenn mir der geneigte Leser diesen Ausdruck hier einmal erlaubt) „geil" fand, kann in dieser Hinsicht ein Vorbild sein.

Gleichzeitig gilt es wieder zu beachten, dass die Kreativität ihre Schattenseiten hat. Nicht jede Innovation führt zu einer Verbesserung der Verhältnisse. Davon können wir, wenn wir auf die letzten 500 Jahre oder auch nur die letzten 50 Jahre zurückblicken, ein langes Lied singen. Auf politische Innovationen sind nicht nur sehr viele Verbrechen zurückzuführen. Die politische Kreativität einer Gemeinschaft steht zudem immer in einem potenziellen Konflikt mit der Kreativität einzelner Menschen in der Kunst, der Wissenschaft und der privaten Lebensführung.

Die Kreativität trägt zweifellos zu vielen Wohltaten bei, kann aber auch gefährliche Überraschungen bereithalten. Das größte Potenzial kommt in dieser Hinsicht heute der Kreativität auf dem Gebiet der Künstlichen Intelligenz zu.[48] Kann es gelingen, kreative Roboter und Computer herzustellen? Davon soll im übernächsten Kapitel die Rede sein. Im nächsten Kapitel möchte ich erst noch der Frage nachgehen, ob es nicht ungeheuer frech und verwegen ist, wenn der Mensch sich daran macht, sich selbst neu zu erschaffen.

---

[48] Bostrom (2018, 24 f.).

Eine Verwegenheit 8

Wir können Entdeckungen über unsere natürliche und soziale Umwelt machen. Wir können unsere Emotionen formen und regulieren, indem wir ihnen einen künstlerischen Ausdruck verleihen. Und wir können unsere privaten und politischen Verhältnisse umgestalten. Kreativität ist etwas zutiefst Menschliches: Schöpferisches Tun bedarf in der Regel einer langfristigen Vorbereitung. Oft setzt es die Kooperation mit anderen Menschen voraus und ist in eine Tradition oder einen kulturellen Kontext eingebettet.

Wir sollten uns nun noch einem besonderen Fall zuwenden, der es uns erlaubt, die Analyse unseres Phänomens zu vertiefen und zuzuspitzen. Es geht um die Frage, ob der Mensch sich und sein Leben selbst zum Gegenstand einer schöpferischen Praxis machen kann.

Wir sind in der Gegenwart mit einer permanenten Forderung zur Originalität, mit einer Pflicht zu Innovationen konfrontiert. Diese Forderung bezieht sich nicht zuletzt auch auf eine „kreative Gestaltung der Subjektivität" und „die Formung des Individuums".[1] Das Ich will und soll sich selbst eine unverwechselbare Gestalt geben. Es soll selbst etwas ganz und gar Einzigartiges aus sich machen. Wir wollen und sollen uns möglichst von allen fremden Einflüssen befreien und uns als Schöpfer unseres eigenen Selbst in Szene setzen. Dabei mangelt es nicht an Ratschlägen, wie wir ein „dynamisches Selbstbild" entwickeln, uns selbst optimieren und das Beste aus uns herausholen können.[2]

Dennoch gibt es auch berechtigte Zweifel, ob ein solches Ideal überhaupt gut und wünschenswert ist.[3] Verschafft uns die Optimierung des Selbst tatsäch-

---

[1] Reckwitz (2012, 12).
[2] Dweck (2017, 17 f. und 61 f.).
[3] Brinkmann (2018).

lich das höchste Glück auf Erden? Ist die Einzigartigkeit des Individuums der Königsweg zu einem gelungenen Leben? Erreicht unser Vermögen zur Hervorbringung von Neuem im Design der eigenen Person ihre wahre und eigentliche Bestimmung? Im Zeitalter des Pluralismus sollten die Antworten auf diese Fragen zu einem großen Teil den betroffenen Individuen überlassen bleiben.

Eine grundsätzliche, philosophische Debatte kreist jedoch um die Frage, ob eine Kreation des eigenen Selbst überhaupt *möglich* ist: Können wir uns denn überhaupt zum Gegenstand einer Veränderung machen? Haben wir die Fähigkeit, uns gleichsam selbst zu erschaffen? Ist es wirklich möglich, uns als Urheber unserer eigenen Identität zu verstehen?

In welchem Umfang sind wir, mit anderen Worten, die Folgen oder Resultate unserer eigenen Entscheidungen? Können wir uns selbst erziehen? Können wir unseren Charakter beeinflussen und unsere Werteorientierungen nach Belieben aussuchen und wie unsere Hemden wechseln? Können wir uns tatsächlich zum Gegenstand eines Projekts der Selbstverwirklichung und -optimierung machen? Tragen wir vielleicht sogar eine Verantwortung für unser eigenes Gehirn?[4]

Eng mit diesen Fragen hängt die Möglichkeit des freien Handelns insgesamt und die Zuschreibung von Verantwortlichkeit im Umgang mit anderen Menschen zusammen: Nur wenn es eine Möglichkeit gibt, unseren Charakter zu beeinflussen und zu verändern, können wir, so scheint es jedenfalls, auch eine Verantwortung für die Handlungen tragen, die ihm entspringen.

Unbestritten ist: Es gibt Bereiche, in denen unseren schöpferischen Eingriffen klare Grenzen gezogen sind. Wir können unsere Körpergröße oder unsere Augenfarbe nicht selbst frei wählen.[5] Vor allem haben wir keinen Einfluss auf unsere Erbanlagen, die für Krebserkrankungen oder Depressionen verantwortlich sind. Und wir tragen keine Verantwortung für bestimmte Talente und Begabungen.

Umgekehrt scheinen wir in anderen Feldern die Möglichkeit zu haben, unser Leben selbst in die Hand zu nehmen und zu gestalten: Erwachsene Menschen haben in aller Regel die Möglichkeit und die Fähigkeit, ihre Partner oder ihre Profession frei zu wählen. Sie nehmen auf diese Weise mehr oder weniger direkt auf ihre Identität und ihre Wertehaltung Einfluss und übernehmen auf diese Weise auch Verantwortung für ihr Leben.

Die Sache ist dennoch nicht so einfach, wie sie zunächst scheint: Einerseits stehen uns schon seit langem zahlose Möglichkeiten offen, unsere natürlich-

---

[4] Vgl. Lehmann (2022).
[5] Strawson (1994, 13).

biologische Ausstattung zum Gegenstand einer wie auch immer zu bewertenden Selbstverwirklichung zu machen.[6] Das Spektrum reicht von Schönheitsoperationen über Neuro-Enhancements bis hin zu Geschlechtsumwandlungen. Andererseits stellt sich umgekehrt die Frage, ob wir zum Beispiel bei der Partner- oder der Berufswahl völlig frei sind. Vielleicht sind wir bei solchen Entscheidungen ja nur von unseren Erbanlagen beeinflusst oder von unserer Erziehung und unserer Umgebung konditioniert.

Man kann in aktuellen Debatten zwei gegenläufige Tendenzen beobachten: Auf der einen Seite wird versucht, unsere biologische Ausstattung – wenn die Natur nicht von vornherein als eine kulturelle Konstruktion angesehen wird – gleichsam zu sozialisieren und zum Gegenstand freier und verantwortlicher Entscheidungen der Individuen oder der Gesellschaft zu machen. Auf der anderen Seite ist oft davon die Rede, dass angeblich freie und schöpferische Entscheidungen in Bezug auf unsere Lebensgestaltung in Wirklichkeit von Faktoren – wie etwa der genetischen Veranlagung oder der frühkindlichen Sozialisierung – abhängen, die unserem Einfluss komplett entzogen sind.

Bei unserem Versuch zur Aufklärung der Kreativität im Bereich des Verhältnisses einer Person zu sich selbst sollten wir jedoch verschiedene Einzelheiten zunächst ausklammern und die Fragen nach dem Ursprung unserer Identität auf eine möglichst radikale Art und Weise stellen: Sind wir die Schöpfer unseres eigenen Charakters? Können wir uns gleichsam selbst neu erschaffen? Und hängt unsere Verantwortung von einer Möglichkeit zur Kreativität in diesem Bereich ab?

Leider kann ich keine endgültigen Antworten darauf geben. Für den Freund der Weisheit kann es aber schon von Gewinn sein, die Vorannahmen einer Frage zu verstehen und auf unterschiedliche Antwortmöglichkeiten hinzuweisen. Der philosophische Fortschritt hängt nicht immer von der Lösung eines Problems ab.

Sehen wir uns zunächst zwei diametral entgegengesetzte Positionen an. Aristoteles schreibt in seiner *Nikomachischen Ethik*, Menschen seien „dafür verantwortlich, dass sie ungerecht oder unmäßig sind, die einen dadurch, dass sie Unrecht tun, die anderen dadurch, dass sie ihre Zeit mit Trinken und ähnlichen Dingen verbringen" (1114a6-7). Jeder sei „für sich selbst in gewisser Weise für seine Disposition verantwortlich" (1114b2). Selbst unsere Emotionen sind demnach nicht völlig unserer Kontrolle entzogen. Wir haben eine Möglichkeit zur

---

[6]Buchanan (2011, 38 ff.)

Selbsterziehung – allein schon durch unser eigenes Tun und Lassen, mit dem wir bestimmte Gewohnheiten annehmen oder auch ablegen.

Immanuel Kant geht noch einen großen Schritt weiter und vertritt in seiner *Anthropologie in pragmatischer Hinsicht* die These, dass der Mensch „einen Charakter hat, den er sich selbst schafft; indem er vermögend ist, sich nach seinen von ihm selbst genommenen Zwecken zu perfectionieren" (AA VII, 321). In seiner Schrift *Religion in den Grenzen der bloßen Vernunft* heißt es: Ein jeder habe die *Pflicht*, sich zu bessern; „er muss es also auch können" (AA VI, 41).

Mit einer ähnlichen Grundhaltung – wenn auch moderateren Schlussfolgerungen – spricht die US-amerikanische Philosophin Agnes Callard von einer Kapazität zur Selbsttransformation durch das Bestreben *(aspiration)*, uns mit der Hilfe anderer Menschen neue Werte anzueignen und dadurch zu anderen Personen zu werden.[7] Bei diesem Prozess spielen Freunde, Familie und Lehrer, aber auch soziale Institutionen eine wichtige Rolle. Für den Erfolg einer solchen Selbsttransformation ist eine Offenheit für andere Menschen, eine gewisse Demut und eine Aufgeschlossenheit für andere Ansichten unverzichtbar.[8]

Auch der Philosoph Robert Kane geht von einer Möglichkeit selbstgestalterischer Akte *(self-forming actions)* aus, die es uns erlauben, unseren zukünftigen Charakter – unseren Willen und die daraus entspringenden Handlungen – bis zu einem gewissen Grad durch unsere gegenwärtigen Handlungen zu formen.[9] Seiner Meinung nach ist unsere Fähigkeit zur Selbstkreation in der Freiheit unseres Willens begründet.

Die entgegengesetzte These vertreten Arthur Schopenhauer und Friedrich Nietzsche. In seiner Schrift *Über die Grundlage der Moral* (§ 20) meint Schopenhauer, „der Unterschied der Charaktere ist angeboren und unvertilgbar. Dem Boshaften ist seine Bosheit so angeboren, wie der Schlange ihre Giftzähne und Giftblase; und so wenig wie sie kann er es ändern." Nietzsche schreibt in *Jenseits von Gut und Böse* (Abschn. 21), „das Verlangen, die ganze und letzte Verantwortlichkeit für seine Handlungen selbst zu tragen und Gott, Welt, Vorfahren, Zufall, Gesellschaft davon zu entlasten, ist nämlich nichts Geringeres als eben jene causa sui zu sein und, mit einer mehr als Münchhausen'schen Verwegenheit, sich selbst aus dem Sumpf des Nichts an den Haaren in's Dasein zu ziehen".

---

[7] Callard (2018, 179 ff.).
[8] Callard (2018, 231). Vgl. Minson und Chen (2022).
[9] Kane (2022, 12 ff. und 38 ff.). Vgl. Keil (2017, 200 ff.).

An anderen Stellen zelebriert Nietzsche dagegen den Willen und die Kraft zur Selbstkreation. In *Die fröhliche Wissenschaft* schreibt er: „Wir aber wollen die werden, die wir sind – die Neuen, die Einmaligen, die Unvergleichbaren, die Sich-selber Gesetz-gebenden, die Sich-selber Schaffenden!" (KSA 3, 563) Und in *Also sprach Zarathustra* meint er: „Werte legte erst der Mensch in die Dinge, sich zu erhalten, – er schuf erst den Dingen Sinn, einen Menschen-Sinn! .... Schätzen ist Schaffen: hört es, ihr Schaffenden. ... Wandel der Werthe, – das ist der Wandel der Schaffenden." (KSA 4, 75)[10] Hier wird der Mensch plötzlich als Schöpfer seines Selbst verstanden. Aber ich will es der Kreativität von Nietzsche-Exegeten überlassen, diesen (scheinbaren oder wirklichen) Widerspruch aufzulösen.

Zweifellos besteht ein großer Unterschied darin, ob wir für unseren *Charakter* oder für unsere *Handlungen* Verantwortung tragen. Man könnte etwa die These vertreten, dass wir keinen Einfluss auf unseren Charakter haben, sehr wohl aber für unsere Handlungen verantwortlich sind. Dabei gibt es eine enge Beziehung zwischen dem Charakter und den Handlungen einer Person. Viele ihrer Handlungen sind in ihrem Charakter begründet, und zu einem gewissen Teil ist der Charakter ein Resultat ihrer früheren Handlungen.

Beide Auffassungen, die ich gerade beschrieben habe, sind fest in unseren Intuitionen verwurzelt und haben ihre Fürsprecher:[11] Auf der einen Seite haben wir aus der Innenperspektive den Eindruck, dass uns eine Verantwortung nicht nur für unsere Handlungen zukommt, sondern dass wir auch für manche Antriebsfedern unseres Handelns verantwortlich sind. Unsere psychische Verfassung ist unserem Einfluss nicht vollständig entzogen.

Dieser Perspektive kommt nicht zuletzt eine große Bedeutung beim Umgang mit unseren Mitmenschen zu. Wir machen andere Personen schließlich ebenfalls für ihre Handlungen und teilweise für ihren Charakter verantwortlich. Wir loben sie für ihren Mut oder ihre Disziplin, und wir tadeln sie für ihre Faulheit oder ihre Feigheit. Wir halten es dabei für möglich, dass sich ein Mensch innerhalb bestimmter Grenzen selbst erziehen kann und sich, wenn auch nicht neu erschaffen, so doch wenigstens verändern und weiterentwickeln kann. Gerade wenn wir in Krisen Unterstützung von unserer Familie, unseren Freunden oder von professionellen Helfern suchen und erhalten, gehen wir von der Möglichkeit einer begrenzten Kreativität in Bezug auf das Selbst aus.

---

[10] Vgl. Ikuta (2020, 121 ff.).
[11] Nagel (1986, 113 ff.).

John Stuart Mill weist in diesem Zusammenhang zudem auf die große Bedeutung von politischen Institutionen bei der Charakterbildung des Menschen hin. Mill zufolge „erweist sich der Wert einer Regierungsform in erster Linie darin, dass sie ihrerseits die Tugend und Intelligenz des Volks hebt. Die wichtigste Frage für jede politische Institution ist demnach, inwieweit sie in den einzelnen Bürgern des Staates jene verschiedenen erwünschten Eigenschaften moralischer und intellektueller Art ... stärkt."[12]

Eine freie, demokratische Form der Regierung wird eher den aktiven, schöpferischen Charaktertyp fördern, und eine despotische Form der Regierung eher eine passive, konformistische Lebenseinstellung. Deshalb nimmt Mill eine klare „Überlegenheit der Volksregierung" an.[13] „Es kann kein Zweifel darüber herrschen", so Mill, „dass der passive Charaktertypus von Regierungen bevorzugt wird, bei denen die Macht in Händen eines Einzelnen oder einiger weniger liegt, der aktive und selbsttätige Typ dagegen von der Regierung der vielen."[14] Über den Umweg der Politik stehen uns also zusätzliche Möglichkeiten zur Formung unserer Handlungsdispositionen zur Verfügung.

Wir können es dabei dahingestellt sein lassen, ob die Selbstschaffung oder -transformation des Charakters notwendig immer zu einer *Optimierung* einer Person führt. Die Kreativität hat, wie wir inzwischen wissen, auch ihre Schattenseiten. Manche Menschen können sich – und anderen Menschen – bei ihren Versuchen zur Selbstkreation oder -transformation auch schweren Schaden zufügen.

Jedenfalls gehen wir in unserer alltäglichen Praxis von der grundsätzlichen Möglichkeit aus, unserem Selbst eine neue Gestalt und dem Leben damit eine neue (gute oder schlechte) Richtung geben zu können. Unserem alltäglichen Umgang mit anderen Menschen wäre die Grundlage entzogen, wären wir nicht mit der Intuition einer gewissen Gestaltungsfreiheit in Bezug auf unser Selbst ausgestattet.

Nicht weniger fest in unseren mehr oder weniger reflektierten Grundannahmen ist auf der anderen Seite die gegenteilige Auffassung verankert, die wir bei Schopenhauer und Nietzsche antreffen. Auch diese Auffassung beeinflusst einen nicht unwesentlichen Teil unseres Selbstverhältnisses einerseits und unseres Umgangs mit anderen Menschen andererseits. Wir erleben uns in vielen Situationen als unfrei. Wir verstehen uns unter Umständen sogar als Opfer eines

---

[12] Mill (2013, 32).
[13] Mill (2013, 55).
[14] Mill (2013, 59).

zwanghaften Charakters, den wir nicht ausgesucht haben und der dem Bereich unserer Einflussnahme und Verantwortung entzogen scheint. Menschen sehen sich unter Umständen zur Ausführung von Handlungen veranlasst, für die sie sich nicht entschieden haben und die sie selbst nicht verstehen.

Diese Grundannahme einer stark eingeschränkten Freiheit in Bezug auf unseren Charakter – und in der Folge auch in Bezug auf unsere Handlungen – kann sich nicht zuletzt in unserem Verhältnis zu unseren Mitmenschen widerspiegeln. Wenn wir uns selbst als Opfer unserer Umstände verstehen, können wir auch unsere Mitmenschen nicht für ihre psychische Verfassung verantwortlich machen. In diesem Fall wären nämlich auch sie nur fremdgesteuerte Automaten, und eine Zuschreibung von Verantwortung für ihre Handlungen wäre nicht mehr möglich.[15] Gerade der Tadel einer anderen Person wird oft mit dem Hinweis zu entkräften versucht, dass sie nichts für ihren in einer ungünstigen Sozialisation erworbenen Charakter könne.

Die Verwegenheit des Barons von Münchhausen, sich selbst am Schopf zu packen und aus dem Sumpf zu ziehen, lässt sich indes nicht nur nicht mit einigen Elementen unserer Alltagspraxis unter einen Hut bringen. Sie ist zudem grundsätzlichen philosophischen Einwänden ausgesetzt. Der Annahme einer Möglichkeit der Selbsterschaffung droht die Gefahr eines infiniten Regresses.[16] Wie soll es gelingen, um noch einmal Nietzsche zu zitieren, „uns selbst aus dem Sumpf des Nichts in's Dasein zu ziehen"? Wäre das nicht allzu frech?

Angenommen, eine Person A2 zum Zeitpunkt T2 ist das Geschöpf der Person A1 zu einem früheren Zeitpunkt T1. Für die Möglichkeit einer echten *Selbstschöpfung* müssen wir dabei von einer Identität der Personen A1 und A2 ausgehen; die betreffende Person soll sich ja selbst erschaffen. Gleichzeitig setzt die Idee der Selbst*schöpfung* voraus, dass die Person A1 in mancher Hinsicht von der Person A2 radikal verschieden ist. Die Selbstschöpfung muss schließlich, soll sie tatsächlich kreativ sein, eine überraschende Neuigkeit zum Ergebnis haben.

Die entscheidende Frage lautet nun: Wer ist diese Person A1, die die Person A2 erschaffen hat? Wie ist sie selbst in die Welt gekommen? Dafür gibt es wieder zwei Möglichkeiten: Die Person A1 ist erstens selbst wieder ein Geschöpf dieser Person zu einem früheren Zeitpunkt ihrer Existenz; sie hat sich selbst erschaffen und wurde von der Person A0 zum Zeitpunkt T0 zur Welt gebracht. Oder aber sie ist zweitens entweder das Geschöpf einer anderen Person B oder das Resultat

---

[15] Nagel (1986, 120).
[16] Strawson (1994). Vgl. Keil (2017, 99 f.); Callard (2018, 181 f.); Kane (2022, 57).

zufälliger, natürlicher oder sozialer Prozesse, die man nicht als absichtlich bezeichnen kann.

Im ersten Fall stellt sich natürlich sofort die Frage, wie die Person A0 im Zeitpunkt T0 zur Welt gekommen sein soll. Wollen wir den Gedanken der Selbstschöpfung bis zum Ende denken, dann brauchen wir das Postulat einer weiteren Person, die vor dem Zeitpunkt T0 existiert. Und so weiter, und so fort. Wir landen in einem infiniten Regress: Die Idee der Selbstschöpfung setzt eine unendliche Reihe von Personen in der Vergangenheit voraus, die dann jeweils wiederum ihre Nachfolger ins Dasein bringen. Eine solche Idee scheint demnach gar nicht realisierbar.

Auch mit der Annahme der zweiten Möglichkeit haben wir einen hohen Preis zu bezahlen und müssen der Person A1 – die sich *nicht* selbst erschaffen hat – die Verantwortung für ihren Charakter und ihre Handlungen entziehen. Wenn aber die Person A1 keine echte Verantwortung mehr für ihre Handlungen trägt, dann können von ihr auch keine eigenständigen Impulse für eine Neugestaltung ihrer Werteorientierung und ihres eigenen Charakters mehr ausgehen. Mit anderen Worten: A2 kann dann gar nicht das Produkt des absichtlichen Tuns von A1 sein. Wenn die Kreativität eine Absichtlichkeit des Handelns voraussetzt, dann scheint auch in diesem zweiten Fall keine echte Selbstschöpfung vorliegen zu können.

Gibt es einen Ausweg aus diesem Dilemma? Oder ist es uns verwehrt, den gerade beschriebenen Regress an einem bestimmten Punkt zu stoppen?

Wir müssen uns zunächst darüber im Klaren sein, dass dieser Regress letztendlich der Ausdruck eines unvermeidlichen Konfliktes zwischen den beiden oben genannten Intuitionen ist. Gibt es eine Möglichkeit, diesen beiden Intuitionen gerecht zu werden, ohne dabei der naiven Illusion zu erliegen, das Spannungsverhältnis, das zwischen ihnen herrscht, aus der Welt zu räumen?

Im Grunde genommen haben wir es bei diesem Problem mit einer besonderen Ausprägung des bis heute nicht befriedigend gelösten Problems der Willensfreiheit zu tun.[17] Einerseits setzt unsere moralische Praxis die Annahme der Freiheit des Willens voraus; und andererseits weisen die Ergebnisse verschiedener Wissenschaften darauf hin, dass unser Handeln von natürlichen und sozialen Umständen determiniert ist. Wir wollen uns als freie und verantwortliche Personen verstehen; aber wir können uns nicht – gleichsam nach dem Vorbild des judaischen Gottes[18] von einem Standpunkt außerhalb unserer selbst – *ex nihilo*

---

[17] Nagel (1986, 110 ff.); Keil (2017); Kane (2022).
[18] Steiner (2001, 67).

selbst erschaffen.[19] Der Philosoph Thomas Nagel spricht von einer „ultimate givenness of the self", der wir, so sehr wir es auch versuchten, nicht entkommen könnten.[20]

Die Lösung unseres Problems, dem wir im Kontext der Frage nach der Möglichkeit der Selbstschöpfung begegnet sind, ist also in einem umfassenden Kontext der Metaphysik angesiedelt. Und auch unsere Praxis der gegenseitigen Zuschreibung von Verantwortung kann nicht vollständig von philosophischen Fragen der Willensfreiheit isoliert werden.[21] Wir können zwar keine Lösung dieser großen Fragen der Philosophie erwarten. Aber wir können vielleicht einige kleine Fortschritte für unsere kleinere Frage nach den Möglichkeiten einer Selbstkreation machen.

Sehen wir uns noch einmal die Frage nach unserer Praxis der Zuschreibung von moralischer Verantwortlichkeit etwas genauer an. Das Dilemma ist uns inzwischen bekannt: Wir verstehen uns selbst als freie und anderen Personen gegenüber verantwortliche Lebewesen; gleichzeitig werden wir von verschiedenen Wissenschaften darüber in Kenntnis gesetzt, dass unser Handeln durch unsere inneren Anlagen und äußeren Umstände determiniert ist.

Eine Lösung dieses uralten Problems würde sicherlich große Auswirkungen sowohl auf unser Selbstverständnis als auch auf das Verhältnis zu unseren Mitmenschen haben. Da eine solche Lösung aber bis heute nicht in Sicht ist, müssen wir versuchen, die Frage nach der Verantwortlichkeit gegenüber anderen Personen zu beantworten, ohne über eine sichere, metaphysische Grundlage zu verfügen.

Zwei radikale Optionen sollte man meiner Meinung nach vermeiden: die pauschale Infragestellung der moralischen Verantwortlichkeit einerseits und eine allzu ambitionierte Ausdehnung unserer Verantwortlichkeit andererseits.

Das Argument für die erste Option lautet: Da wir keinen freien Willen besäßen, der freie Wille aber die Voraussetzung der Zuschreibung von moralischer Verantwortlichkeit sei, könnten wir uns selbst und anderen Personen auch *keine* moralische Verantwortung zuschreiben. Da wir unsmit anderen Worten, nicht am eigenen Schopf aus dem Sumpf des Nichts ins Dasein befördern und nicht die Ursache unseres Selbst sein könnten, seien wir für unsere Handlungen und unseren Charakter auch *nicht* moralisch verantwortlich. Die

---

[19] Nagel (1986, 126).
[20] Nagel (1986, 119).
[21] Kane (2022, 21).

Möglichkeit der Verantwortlichkeit setze schließlich die Möglichkeit der Selbstverursachung voraus. Der Philosoph Galen Strawson nennt diese Überlegung das Basis-Argument.[22]

Nachdem sich die Schlussfolgerung dieses Arguments in einem grundlegenden Widerspruch zu unserer alltäglichen Lebenspraxis befindet, müssen wir Zweifel an mindestens einer der beiden Prämissen anmelden. Und ich denke, man kann das Argument mit dem folgenden Einwand entkräften: Da wir in unserem täglichen Umgang andere Menschen für ihr Handeln zur Verantwortung ziehen, müssen wir entweder einen freien Willen annehmen oder zumindest die Verantwortlichkeit als unabhängig von der Existenz eines freien Willens ansehen.

Auch das Argument für die zweite radikale Option überzeugt nicht: Da wir mit einem freien Willen ausgestattet seien, und uns dieser freie Wille die Möglichkeit gebe, uns selbst nach Belieben zu transformieren und neu zu erschaffen, könne man uns die *vollständige* Verantwortung für unser gesamtes Tun und Lassen zuweisen. Auch hier gibt es gute Gründe zum Zweifel. Nicht nur bleibt unklar, was mit dem „freien Willen" genau gemeint sein soll. Zudem kann man die Annahme infrage stellen, ein freier Wille gebe uns die Möglichkeit, uns neu zu erschaffen. Jedenfalls erscheint es als unzumutbar, uns selbst und anderen Menschen die vollständige Verantwortung für das eigene Leben zuzuweisen.

Die Wahrheit befindet sich irgendwo in der Mitte. Sicherlich dürfen wir davon ausgehen, eine gewisse Freiheit bei der Gestaltung unseres Lebens zu haben und aus diesem Grund eine Verantwortung für unsere Mitmenschen zu tragen. Gleichzeitig müssen wir uns immer bewusst machen, dass der Spielraum unserer Freiheiten begrenzt ist, wir von vielerlei natürlichen und sozialen Umständen geprägt sind und die Zuschreibung von Verantwortlichkeit dementsprechend qualifiziert und begrenzt werden sollte.

Wir kommen nicht umhin, den beiden gegenläufigen Intuitionen – der Annahme einer unbedingten Freiheit und der Einsicht in vielgestaltige Bedingtheiten – in unserer persönlichen und politischen Praxis Rechnung zu tragen. Wie auch in anderen Gebieten gibt es im Hinblick auf unser Selbstverhältnis einen großen Spielraum für kreatives Handeln. Unserer Kreativität sind gleichzeitig verschiedene Grenzen gezogen. Die Ausübung eines freien, kreativen Willens setzt eine Anstrengung voraus, die man Willensstärke nennen kann. Gleichzeitig gilt: Der Schädel ist nicht immer dicker als die Wand, durch die er hindurch will.

---

[22] Strawson (1994).

8 Eine Verwegenheit

Zuletzt ist die Frage nach dem freien Willen vielleicht gar kein theoretisches, philosophisches oder metaphysisches Problem. Die Frage nach der praktischen und politischen Kreativität des Menschen könnte sich als ein Problem entpuppen, das wir in und durch unser eigenes Handeln lösen. Und zwar durch die Geschichten, die wir uns selbst und anderen Menschen erzählen!

Damit ist der letzte Schritt angesprochen, den ich in diesem Kapitel machen möchte. Bereits mit unserer Selbstreflexion können wir unser Leben manchmal in eine neue, unerwartete Richtung lenken. Das Nachdenken über uns selbst nimmt dann insbesondere in der Art und Weise, wie wir unser Leben erzählen, Gestalt an. Bei diesen Erzählungen sind wir an Vorgaben gebunden; wir können uns also nicht *ex nihilo* selbst aus dem Nichts ins Dasein befördern. Aber bei der Art und Weise, wie wir Ereignisse und Geschehnisse, Handlungen und Widerfahrnisse zu einem Plot verknüpfen, besitzen wir doch eine nicht zu unterschätzende Freiheit zur Selbstkreation.

Über den Umweg der Geschichten, die wir uns ausdenken, uns selbst und anderen Menschen erzählen, können wir unsere Existenz in die eigenen Hände nehmen und etwa eine neue Zukunft für uns entwerfen; und auch das Leben anderer Menschen können wir mithilfe von Erzählungen beeinflussen. Der französische Philosoph Paul Ricoeur hat für dieses Phänomen den Begriff der „narrativen Identität" geprägt.[23] Dieser Begriff lässt sich übrigens sowohl für die Identität von Individuen als auch für die Identität von Gemeinschaften verwenden.[24]

Wenn wir diese Idee für plausibel halten, dann kommt gerade der Kunst eine große Bedeutung sowohl für die Artikulation unseres Freiheitsverständnisses als auch für die Reflexion unserer Verantwortlichkeit für andere Menschen zu. Dabei gehe ich davon aus, dass wir uns nicht nur in der Literatur, sondern auch in der Musik und der bildenden Kunst Geschichten erzählen: Geschichten, die es uns ermöglichen, kreativ in unser eigenes Leben einzugreifen.

Die Arbeit an einem Kunstwerk – und das gilt für den Produzenten wie auch für den Konsumenten von Literatur, Musik und Malerei – ist somit immer gleichzeitig eine Arbeit an der Neugestaltung unseres Selbst. Das Selbst konstituiert sich so zugleich als Leser, als Autor und als Mitschöpfer des eigenen Lebens.[25]

---

[23] Ricoeur (1985, 439 ff., 1990, 167 ff.). Vgl. Wedelstaedt (2016, 85 ff.); El Ouassil und Karig (2021, 118 ff.).

[24] Ricoeur (1985, 444); El Ouassil und Karig (2021, 145 f.).

[25] Ricoeur (1985, 443 f.). Vgl. Nozick (1989, 39); Kane (2022, 63 ff.).

Diese Methode kann auch in einer Psychotherapie zur Anwendung kommen: Wenn wir im Dialog mit einem Therapeuten ein neues Narrativ über unser Leben entwickeln, können wir unsere schöpferischen Kräfte entdecken, eine neue Identität als Person ausbilden und damit im Idealfall den Ausweg aus einer Krise finden.[26]

Erzählungen bringen vergangene Ereignisse und Vorfälle in einen Zusammenhang, sie leisten eine Synthese von Heterogenem, und sie laden dazu ein, die Zukunft auf eine neue und überraschende Weise selbst zu gestalten. Eine Person kann allein dadurch, dass sie bestimmte Geschehnisse in eine bestimmte Reihenfolge bringt, die Initiative ergreifen. Sie kann damit die Fähigkeit erwerben, eine neue Folge von Ereignissen anzustoßen, ohne dass man von einem archimedischen Punkt sprechen müsste, der uns erlaubt, die Welt aus den Angeln zu heben.[27]

Das gilt sowohl für die Fiktionen von Romanen als auch für die an einer vergangenen Realität orientierte Geschichtsschreibung, wobei der Bogen hier von der Autobiografie bis zur Universalgeschichte reicht! Auch in der Art und Weise, wie wir das Leben von realen Personen und Gesellschaften erzählen, kommt also der Imagination eine große Bedeutung zu.[28]

Indem wir uns Geschichten über uns selbst und über andere Person, über unsere Gemeinschaft und die Entwicklung der Menschheit erzählen, können wir uns aus dem infiniten Regress befreien, den ich oben beschrieben habe. Aus dem Teufelskreis entsteht im besten Fall eine spiralförmige Dynamik, die uns eine Möglichkeit verschafft, uns selbst als freie und verantwortliche Personen zu verstehen und zu verwirklichen.

Eine gewisse Verwegenheit, das ist klar, geht damit zweifelsohne einher. Nur gilt auch hier: No risk, no fun. In manchen schwierigen Situationen mag es der Verwegenheit bedürfen, um unkonventionell zu handeln und einen Schritt nach vorne zu tun.

Sicherlich sind wir bei diesem Prozess permanent der Gefahr einer Selbsttäuschung ausgesetzt. Einen solchen Einwand führt die Philosophin Kristine v. Wedelstaedt gegen die Idee einer narrativen Identität ins Feld: „Geschichten haben keine identitätsstiftende Funktion", denn Menschen „irren sich manchmal darüber, wer sie sind, weil sie Dinge vergessen oder verdrängen oder etwas an

---

[26] Braun (2016, 46 f. und 164 ff.).
[27] Riceour (1990, 175).
[28] Ricoeur (1985, 331 ff., 2000, 307 ff.).

8 Eine Verwegenheit

sich einfach nicht erkennen".[29] Auch gebe es unterschiedliche Erzählungen über ein und dieselbe Person und unterschiedliche Möglichkeiten, bestimmte Ereignisse zu einer Geschichte zu verbinden.[30]

Die Selbstwahrnehmung könne daher in einen Konflikt mit der Fremdwahrnehmung geraten, und nicht wenige Menschen stellen ein hohes Maß an Kreativität bei der Erfindung eines Bildes, das sie von sich selbst malen, unter Beweis.[31] Dann haben sie zwar ein neues Bild von sich selbst gemalt, nur entspricht dieses Bild nicht immer ihrem wahren, wirklichen Selbst.

Die Wahrnehmung des eigenen Selbst ist selbstredend nie völlig unparteiisch. Da wir uns gern in einem möglichst guten Licht sehen, legen wir unter Umständen sehr viel Einfallsreichtum an den Tag, um uns selbst und anderen Personen die unangenehmeren Seiten unseres Charakters zu verbergen. Dabei besteht fraglos die Gefahr, dass uns ein geschöntes Selbstbild daran hindert, uns berechtigter Kritik zu stellen, Verantwortung für unseren Charakter zu übernehmen und eine Verbesserung in die Wege zu leiten. In manchen Fällen wird die Phantasie somit ein Hindernis für unsere Selbstverbesserung.

Doch allein die Existenz solcher Gefahren rechtfertigt keinen pauschalen Verdacht gegenüber dem kreativen Potenzial von persönlichen und politischen Narrativen. Es fordert auch keinen Verzicht auf jeden Versuch, sich mithilfe von Erzählungen an der Gestaltung des eigenen Lebens und der eigenen Gemeinschaften zu beteiligen.

Diese kleinen, alltäglichen Verwegenheiten sollte man jedenfalls nicht mit der unglaubwürdigen Erzählung des Barons von Münchhausen vergleichen. Schließlich bildet nicht jedes Narrativ, auf das wir uns berufen, den Kern unserer Identität. Gewiss, Geschichten können zur Täuschung anderer Personen und des Selbst beitragen. Aber die Aufdeckung des Irrtums wird auf überzeugendste Weise vielfach dadurch geleistet, indem man sich bessere, richtigere Geschichten von sich selbst und von anderen Personen ausdenkt und weitererzählt.

Dabei bleiben unseren narrativen Künsten immer auch Grenzen gesetzt, und daher sollten wir uns nicht täuschen lassen. Persönliche, psychische Bedingungen oder historische, politische Gegebenheiten lassen sich nicht verleugnen. Unsere Vorstellungskraft und unsere Fähigkeit für eine befreiende, zukunftsorientierte Erzählung unserer Vergangenheit ist schließlich nicht unendlich groß. Vor allem

---

[29] Wedelstaedt (2016, 200).
[30] Wedelstaedt (2016, 175 f.).
[31] Wedelstaedt (2016, 169 ff.).

bedarf es für die Ausübung dieses Vermögens neben der Anstrengung und Übung auch der Tugenden der Genauigkeit und der Aufrichtigkeit. Aber diese Erfahrungen der Begrenztheit unserer Kreativität spiegeln letztlich nur die Tatsache der Begrenztheit unserer Freiheit wider.

Eine selbsterschaffene, narrative Identität enthält immer Bestandteile, die unserem eigenen Zugriff entzogen sind: Unser Charakter ist nicht beliebig veränderbar. Von einem Charakter spricht man ja gerade deshalb, um auf eine gewisse Festigkeit, Kontinuität und Verlässlichkeit des Selbst zu verweisen.[32] Unser Vermögen zur Selbstgestaltung ist und bleibt begrenzt. Auch zu dieser teils ernüchternden, teils schmerzhaften Einsicht können uns reale oder fiktive Geschichten am Ende des Tages verhelfen.

Wenn wir uns oder anderen Menschen aber keine Geschichten mehr erzählen, dann ist das ein Zeichen dafür, dass wir unsere Fähigkeit zur Gestaltung unseres Selbstverhältnisses verloren haben. Der Häuptling der Indianer ist hierfür ein gutes Beispiel: Nach dem Absterben der traditionellen Lebensweise der Crow, so Plenty Coups, sei nichts mehr geschehen, und deshalb sei es ihm nicht mehr möglich, aus seiner Perspektive etwas von sich zu erzählen.[33] Mit der Zerstörung seiner Kultur ist nicht nur eine Welt untergegangen, auch die Fähigkeit zur freien Selbstgestaltung ist ihm – zunächst einmal – abhandengekommen.

Die kreative Leistung von Plenty Coups bestand darin, dass er sich mit diesem Schicksal nicht abfinden wollte und neue Quellen der Kreativität entdeckte, die ihm und seinem Stamm neue Möglichkeiten zur freien Selbstgestaltung in veränderten Umständen eröffneten. Das erforderte Mut, und dieser Mut wurde nicht zuletzt durch den Rückgriff auf die eigene Tradition angestachelt! Plenty Coups, so Jonathan Lear, „schöpfte ... dabei auf lebendige Weise aus der Vergangenheit" und eröffnete den Crow „einen *traditionellen* Weg nach vorne".[34] Innovationen, das bestätigt sich hier wieder, setzen oft eine gute Kenntnis und die Aneignung von Traditionen voraus.

Die Meise der Indianer ist dabei eine wichtige Ingredienz einer neuen Erzählung, die es Plenty Coups erlaubt, eine Geschichte zu entwerfen, die nicht mit der Zerstörung seiner Kultur endet. Es gibt die Möglichkeit einer Fortsetzung nach der Katastrophe. Ein Erzähler kann so ein neues Feld an Möglichkeiten, einen neuen Raum für ein sinnvolles Leben und neue Formen der Subjektivität

---

[32] Ricoeur (1990, 147 f.).
[33] Lear (2020, 22).
[34] Lear (2020, 222; Hervorh. i. O.).

für die Mitglieder des Stammes der Crow schaffen.[35] Die radikale Hoffnung von Plenty Coups wurde also zuletzt belohnt.

Damit haben wir für unsere Untersuchung ein zusätzliches Ergebnis gewonnen: Wir sind kreative Kreaturen. „Im Menschen", so Friedrich Nietzsche, „ist Geschöpf und Schöpfer vereint".[36] Wir sehen uns mit Umständen konfrontiert, die wir uns nicht ausgesucht haben. Doch diese Umstände hindern uns nicht daran, unser Leben selbst in die Hand zu nehmen und Verantwortung für unsere Mitmenschen zu übernehmen.

In vielfacher Hinsicht sind wir dabei vom Beginn bis zum Ende unseres Lebens auf die Hilfe anderer Menschen angewiesen. Je nachdem, in welchen Beziehungen wir zu ihnen stehen, haben andere Personen eben auch eine mehr oder weniger umfangreiche Verantwortung für uns. Mit einem guten Schuss Verwegenheit und der Bereitschaft, sich auf neue Dinge einzulassen und anderen Menschen zuzuhören, kann es uns in manchen Umständen gelingen, ein selbstbestimmtes Leben zu führen.

Die Kreativität ist unbestritten eine hohe Kunst, die sich vieler Schwierigkeiten und Grenzen bewusst bleiben sollte. Aber diese Grenzen sollten uns nicht verzagen lassen. Wir können uns eine begrenzte Fähigkeit zuschreiben, unser Selbst zu einem Gegenstand der Neugestaltung zu machen. Dazu ist auch ein gewisses Training erforderlich. Der Frage, ob sich diese Fähigkeit erlernen lässt, möchte ich im übernächsten und letzten Kapitel nachgehen. Im folgenden Kapitel werfe ich zunächst noch die Frage auf, ob man ein solches Vermögen auch künstlich hergestellten Intelligenzen zuschreiben kann.

---

[35] Lear (2020, 88 ff.).
[36] Nietzsche (KSA 5, 161).

Künstliche Intelligenz 9

Der Mensch ist nicht nur in den Künsten, den Wissenschaften und der Politik schöpferisch tätig. Seine Kreativität findet auch in der Technik ein wichtiges Betätigungsfeld. Wir bauen Wolkenkratzer, wir konstruieren Maschinen, und wir programmieren Computer. Dabei kann die Einführung technischer Neuerungen nicht nur zu großen Überraschungen führen, sie stellt uns auch vor große ethische Herausforderungen. Manche Computerprogramme sind inzwischen so konzipiert, dass sie eine gewisse Eigenständigkeit entfalten und, wenn die Zeit für einen menschlichen Eingriff nicht ausreicht, „autonom" entscheiden können.

Diese Entwicklung wirft eine neue Frage auf: Können die Schöpfungen des Menschen ihrerseits kreativ sein? Ist es denkbar, dass die Ergebnisse der schöpferischen Aktivität von Personen selbst überraschende Neuigkeiten in die Welt setzen? Gibt es eine Möglichkeit, unsere kreativen Kräfte zur Erschaffung von Wesen zu verwenden, die selbst etwas Neues hervorbringen? Können wir unsere Kreativität an andere Wesen weiterreichen oder delegieren?

Zunächst einmal gibt es keinen Grund für einen grundsätzlichen Zweifel an unserem Vermögen zur Kreation kreativer Entitäten. Wir setzen schließlich Kinder in die Welt, die ihrerseits eine Passion für Neuigkeiten entwickeln können. Außerdem haben wir gesehen, dass wir uns innerhalb bestimmter Grenzen sogar als Urheber unseres eigenen Charakters und unserer Wertorientierungen verstehen können. Kreatives Handeln kann also kreative Personen zum Ergebnis haben. Wir können sogar unsere eigene Kreativität trainieren, und wir können versuchen, auf unsere Kinder, Schüler und Studenten Einfluss zu nehmen.

Sicherlich erstreckt sich unsere Kreativität auch auf die Herstellung von unbelebten Gegenständen, die ihrerseits mit der Fähigkeit ausgestattet sind, uns mit unerwarteten Neuigkeiten zu überraschen. Computer sind heute mit komplexen Algorithmen programmiert, die es ihnen erlauben, innovative

Lösungen von Problemen zu generieren, die wir selbst nicht hätten finden können. Zu einem Teil kommen dabei Zufallsgeneratoren zum Einsatz, und zu einem anderen Teil verdanken sich die „Einfälle" vieler Maschinen einfach ihrer großen Rechenleistung.

Intensiv debattiert wird heute darüber, ob und in welchem Umfang solche Maschinen tatsächlich kreativ sein können. Computer sind schließlich nicht wie die Menschen mit einem Bewusstsein ausgestattet. Sie reflektieren und bewerten ihre Entscheidungen nicht. Sie verspüren keine echten Emotionen und empfinden daher keine Freude und keine Schmerzen. Können sie trotzdem eine Lust auf Neues ausbilden und mit Überraschungen aufwarten?

Computer arbeiten mit Algorithmen, sie werden nicht als Personen mit der Fähigkeit zum eigenständigen Denken, Sprechen und Handeln angesehen. Künstliche Intelligenzen werden durch ihre Programme gesteuert, und diese Tatsache allein hindert sie, so jedenfalls der gängige Einwand, an der Ausbildung und Ausübung von Autonomie. Eine solche Fähigkeit, so haben wir gesagt, ist aber ein notwendiger Bestandteil von kreativen Tätigkeiten.[1] (Und deshalb haben manche Autoren ein großes Interesse daran, für die Möglichkeit einer umfassenden Autonomie von Künstlicher Intelligenz zu argumentieren.[2])

Die Frage, ob solche „Wesen" kreativ sind, könnte man nun schnell mit dem Hinweis auf einen engen und anspruchsvollen Begriff der Kreativität verneinen. Wenn kreatives Handeln nämlich als eine absichtliche und reflektierte Aktivität von Personen definiert wird, dann wird man Maschinen – solange man sie jedenfalls nicht als Personen ansieht – nicht kreativ nennen dürfen.

Algorithmen mögen überraschende Neuigkeiten in die Welt setzen können, doch da diese Produkte nicht als Ergebnis eines autonomen und absichtlichen Tuns verstanden werden können, ist eine wichtige Bedingung, die wir an die Kreativität eines Prozesses stellen, nicht erfüllt. Die Rede von einer Kreativität von Maschinen wäre ein Oxymoron. Wir fügen mit dieser Redeweise zwei Begriffe zusammen, die sich wechselseitig ausschließen.

Meiner Meinung nach enthält diese Sicht der Dinge zwar einen wahren Kern, dennoch kann man über die Kriterien von Begriffen wie „Autonomie" und „Absichtlichkeit" streiten. Dabei stehen mehrere Möglichkeiten zur Verfügung: Auf der einen Seite gibt es anspruchsvolle, dualistische Theorien, die eine vollständige Inkompatibilität von Geist und Maschine annehmen; auf der anderen

---

[1] Boden (2014, 229).
[2] Totschnig (2020).

9 Künstliche Intelligenz

Seite gibt es materialistische Auffassungen, die im menschlichen Geist nicht mehr als nur eine besondere Variante eines Computers erkennen. Und zwischen diesen beiden Auffassungen gibt es eine Fülle von Möglichkeiten, die ich hier gar nicht aufzählen kann.

Daher lohnt es sich, ins Detail zu gehen und einige Fälle zu betrachten, in denen in jüngerer Zeit der Anschein entstehen konnte, dass Maschinen auf manchen Gebieten durchaus zu kreativen Leistungen befähigt sind. Wir sollten das Problem der Möglichkeit einer Kreativität von Maschinen nicht einfach mit dem Hinweis auf einen (ohnehin strittigen) Begriff der „Autonomie" aus der Welt schaffen. Mit bloßer Wortklauberei werden wir an dieser Stelle kaum Fortschritte erzielen.

Gehen wir also einige Möglichkeiten durch, wie man die Kreativität von Künstlicher Intelligenz verstehen kann.

Eine erste Auffassung zeichnet sich durch einen großen Optimismus – um nicht zu sagen: durch einen überschwänglichen Enthusiasmus – aus. Manche Autoren vertreten nämlich die These, dass die Kreativität von Maschinen der menschlichen Kreativität nicht nur gleichwertig sei, sondern eines Tages klar überlegen sein werde. Der israelische Historiker Yuval Harari prophezeit sogar den kurz bevorstehenden „Übergang von einem homozentrischen zu einem datazentrischen Weltbild".[3]

Die Überlegenheit der Künstlichen Intelligenz könnte sich auch in einem Vermögen zur Selbstgestaltung und eigenständigen Weiterentwicklung von Computern manifestieren. „Der Ausgangsalgorithmus mag zunächst vom Menschen entwickelt worden sein", schreibt Harari, „aber wenn er heranwächst, verfolgt er seinen eigenen Weg und geht dorthin, wo noch nie zuvor ein Mensch war – und wohin ihm kein Mensch folgen kann."[4]

Wenn nämlich Algorithmen das Vermögen zugeschrieben wird, selbständig Informationen zu sammeln und zu verarbeiten, wenn sie eine eigenständige Fähigkeit zur Erinnerung ausbilden, wenn sie permanent hinzulernen und zuletzt sogar ein Potenzial zur Selbststeuerung entwickeln[5] – dann könnten sie über kurz oder lang die Verwegenheit besitzen, selbst initiativ zu werden und eine Entwicklung in Gang zu setzen, an deren Ende sie mit Fähigkeiten ausgestattet sind, die unter Umständen das Ende der Vorherrschaft des Menschen einläuten würde.

---

[3] Harari (2017, 527).
[4] Harari (2017, 531).
[5] Volland (2018, 14 f.).

Die Prognose Hararis lautet daher: „Sobald die Menschen ihre funktionale Bedeutung für das Netzwerk verlieren, werden sie erkennen, dass sie gar nicht die Krone der Schöpfung sind. Die Maßstäbe, die wir selbst entwickelt haben, werden uns dazu verdammen, den Mammuts und den chinesischen Flussdelphinen ins Vergessen zu folgen. Rückblickend betrachtet, wird die Menschheit nichts weiter gewesen sein als ein leichtes Kräuseln im großen kosmischen Datenstrom."[6] Es bleibt dann immer noch eine offene Frage, wie das bevorstehende Ende der Menschheit bewertet werden soll. Manche Autoren neigen nämlich dazu, eine solche Entwicklung durchaus zu begrüßen.[7]

Der US-amerikanische Futurist Raymond Kurzweil geht von einem Moment der Singularität im Jahre 2045 aus.[8] Biologische Lebensformen würden mit technologischen Konstrukten verschmelzen, und wir würden zu diesem Zeitpunkt in ein posthumanistisches Zeitalter eintreten. Roboter würden den Menschen an Intelligenz einholen, übertreffen und ihn womöglich am Ende entmündigen.[9] Die Kreatur würde sich gegen ihren Schöpfer auflehnen, den Spieß umdrehen und den Menschen ihrerseits für die Verwirklichung ihrer Ziele in den Dienst nehmen. Nach dem Eintreten der Singularität sei es auch nicht mehr möglich, bestimmte Vorhersagen über die weitere Entwicklung des „Zusammenlebens" von Mensch und Maschine zu treffen.

Ein solches Szenario ist zweifellos denkbar, aber wir sollten nicht dem Fehler erliegen, von einer bloßen Denkbarkeit auf dessen Wahrscheinlichkeit oder gar dessen Unvermeidbarkeit zu schließen. Wir dürfen wohl sagen, diese Prognose bewegt sich im Augenblick noch eher im Bereich der Spekulation, denn belastbare empirische Belege gibt es nicht für sie. Wir sollten deshalb lieber realistischeren Szenarien unsere Aufmerksamkeit schenken.

Eine zweite, immer noch sehr „optimistische" Sicht geht von der Annahme aus, dass Künstliche Intelligenzen der menschlichen Kreativität auf die Sprünge helfen können. Wir müssten uns dieser Sicht zufolge zwar nicht den ausgeklügelten Algorithmen von Maschinen unterwerfen. Wir könnten aber mit ihnen fusionieren, um auf diese Weise unsere kreativen Kompetenzen bei der Kombination, der Exploration und der Transformation verschiedener Sachverhalte zu erweitern und zu vertiefen.

---

[6] Harari (2017, 534).
[7] Vgl. Rinderle (2021, 437 ff.).
[8] Rinderle (2021, 435). Vgl. Bostrom (2018, 39 ff.).
[9] Simanowski (2021, 82 ff.). Vgl. Bostrom (2018, 93 ff.).

Klärungsbedürftig wären natürlich die Details einer solchen Fusion. Denn in einem gewissen Sinne ist diese Möglichkeit bereits Realität geworden. Computer helfen uns in allen Bereichen des Lebens – in den Künsten und den Wissenschaften, in der Medizin, in der Politik und im Alltagsleben –, unsere Ideen zu entwickeln und umzusetzen. Es gibt heute kaum noch Felder, auf denen wir die Hilfe von Algorithmen *nicht* in Anspruch nehmen.

Dennoch stellt sich die Frage, wie das Verhältnis von menschlicher Kreativität und der Inanspruchnahme von Künstlicher Intelligenz genau zu bestimmen ist. Fraglos können Computer probate Instrumente zur Ausarbeitung und Umsetzung unserer Ideen sein, und fraglos können wir mit Computern neue Bereiche für die Anwendung der menschlichen Kreativität erschließen.

Offen bleibt freilich die Frage, ob von der Künstlichen Intelligenz darüber hinaus ein eigenständiger Beitrag zur Ausbildung und Ausübung bestimmter kreativer Kompetenzen ausgehen kann. Sollten wir diese Frage positiv beantworten, so finden wir uns eventuell – mit all dessen Chancen und Möglichkeiten, Gefahren und Risiken – im ersten Szenario wieder.

Interessanter scheinen mir zwei weitere Auffassungen, die man als moderat optimistisch bezeichnen kann. Wenn man die Kreativität mit den Vertretern einer ersten Auffassung auf einem Spektrum ansiedelt, auf dem sie mehr oder weniger stark ausgeprägt ist (etwa von 0 bis 100), so könnte man sagen, dass Künstliche Intelligenzen höchstens einen Wert von 75, aber nie – wie menschliche Genies – den Wert 100 erreichen könnten.

Dann gibt es keine unüberbrückbare, qualitative Kluft mehr zwischen Mensch und Maschine. Computer verfügen dieser Auffassung zufolge nur über eine in quantitativer Hinsicht gering ausgeprägte Fähigkeit zur Kreativität. Die entscheidende Frage lautet in der Folge nur, ob Algorithmen jemals die Kreativität des Menschen werden *übertreffen* können.[10] Künstliche Intelligenzen helfen uns im Alltag oft mit innovativen Ideen, sie werden jedoch niemals wie Sophokles eine Tragödie dichten oder wie Gustav Mahler eine Symphonie komponieren können. „Selbst die klügsten Algorithmen", so der Kommunikationsexperte Holger Volland, „werden vermutlich nie solche weltbewegenden kreativen Ideen hervorbringen wie Pablo Picasso, Steve Jobs, Björk oder der unvergleichliche Beethoven."[11]

Für diese Auffassung mag man ins Feld führen, dass die Kreativität unter Menschen verschieden stark ausgeprägt ist. So gibt es Menschen mit besonderen

---

[10] Volland (2018, 15).
[11] Volland (2018, 244).

Talenten für Musik oder Mathematik. In einem gewissen Sinn lassen sich schöpferische Kräfte durchaus quantifizieren und messen.

Gegen diese These spricht allerdings die Überlegung, dass die Kraft zur Kreativität – mit der „Absichtlichkeit" und „Autonomie" als Voraussetzung – nicht irgendwann und irgendwo spurlos verschwindet, sondern an einem Punkt auch einen grundsätzlichen, qualitativen Unterschied gegenüber Wesen enthält, die eben nicht mit dieser besonderen Kompetenz ausgestattet sind.

Um Worte wollen wir nicht streiten. Nicht ohne guten Grund kann man Maschinen ein begrenztes Maß an Kreativität – und zwar insbesondere bei Kombinationen, Explorationen und Transformationen von Ideen[12] – zubilligen, ohne ihnen doch die Fähigkeit zum autonomen Handeln zuzugestehen. Vor allem bei der Exploration von manchen Sachverhalten mögen Algorithmen in der Lage sein, überraschende Neuigkeiten zu Tage zu fördern.

Seit einigen Jahren gehen bei Patentämtern etwa auch Anträge für Erfindungen von Künstlichen Intelligenzen – gerade im Maschinenbau – ein. Kontrovers wird dabei allerdings die Frage diskutiert, ob Computerprogramme patentfähig sein können.[13] Und so gibt es auf dem Gebiet des Patentrechts weltweit große Unterschiede.

Eine zweite, moderat optimistische Auffassung begrenzt die Kreativität von Maschinen auf bestimmte *Bereiche*. Algorithmen entwickeln in manchen Wissenschaften innovative Ideen, bleiben in anderen Bereichen aber recht einfältig. Eine neue Kombination von altbekannten Ideen – hier kann die ungeheure Rechenleistung mancher Computer hilfreich sein –, die man aus alten Zusammenhängen herauslösen muss, mag also sehr originell erscheinen. Künstliche Intelligenz kann auf dem Gebiet des Designs zumindest einige Ansprüche an Kreativität erfüllen.[14] Man kann dann einer Maschine eine Schöpfungskraft zugestehen, ohne die Kriterien der Absichtlichkeit und der Autonomie in einem strengen Sinne zu verwenden.

Wenn man also keine allzu strengen Maßstäbe an den Begriff der Kreativität anlegt, sollte man diese Möglichkeit einer gewissen Kreativität von Künstlicher Intelligenz konzedieren. Nichtsdestotrotz haben wir es dabei mit einer relativ schwachen Ausprägung von Kreativität zu tun, die auf besondere Gebiwete eingegrenzt bleibt. Eine echte Befähigung zur Kreativität enthält dagegen auch

---

[12] Boden (2018a, 60 ff.).
[13] Emmerich (2021).
[14] Volland (2018, 14 und 90).

das Vermögen, sich über Grenzen hinwegzusetzen und innovative Ideen zu entwickeln, in denen Elemente aus unterschiedlichen Bereichen in einem neuen Licht erscheinen.

Strittig ist zudem die Frage, auf welchen Feldern wir tatsächlich von Neuigkeiten sprechen können, die von Algorithmen in die Welt gesetzt werden. So mögen die Dinge auf dem Gebiet der Musik anders beurteilt werden als etwa auf dem Gebiet des Designs.

DeepBach ist ein Beispiel für eine Künstliche Intelligenz, so Holger Volland, „die polyphone Musik im Stile von Bach-Chorälen komponiert". „Gibt man ihr die Melodie der ersten Stimme vor, vervollständigt sie selbst die anderen Stimmen. Die Choräle sind im Ergebnis so überzeugend dass selbst Musiker Schwierigkeiten haben, Original und maschinelle Nachahmung voneinander zu unterscheiden."[15]

Weitere Beispiele sind die Kompositionen der Programme von David Cope oder das Programm Impro-Viso, das Improvisationen im Stil von Louis Armstrong und Charlie Parker generiert.[16] Im September 2022 wurde in der Dresdner Semperoper die „Artificial Intelligence Oper" *chasing waters* uraufgeführt, in der eine Künstliche Intelligenz textend, komponierend und singend auftritt und mitwirkt. (Sieht man sich die Resonanz an, so scheint das Ergebnis nicht besonders prickelnd gewesen zu sein.)

Die entscheidende Frage lautet freilich, ob diese Musik tatsächlich so überraschend und neu ist, wie es etwa die Choräle von Johann Sebastian Bach zu ihrer Zeit waren. Schließlich hat DeepBach diese Musik nicht neu erfunden, und von den Kompositionen dieses Programms scheint auch keine besondere Inspiration für andere Komponisten auszugehen. Man kann an dieser Stelle auf zahllose Beispiele aus verschiedenen Kunstgattungen verweisen.[17]

Die Frage, ob die „Kunstwerke" der Künstlichen Intelligenz auf ähnliche Weise neu sind wie die Werke von „echten" Künstlern, kann man auch für angebliche Fähigkeiten zur bereichsspezifischen Kreativität von Maschinen insgesamt aufwerfen.

Wie innovativ sind die Erfindungen von Maschinen etwa im Bereich der Wissenschaften tatsächlich? Gibt es ein gutes Beispiel für eine umfassende Erweiterung oder tiefgreifende Erneuerung unserer Erkenntnisse durch Algorithmen? Können Computer wirklich mehr, als nur eine große Menge

---

[15] Volland (2018, 244).
[16] Boden (2004, 311 ff.).
[17] Boden (2018a, 62 f.); Volland (2018, 86).

von Daten zu sammeln und zu verarbeiten? Kann damit ein echter Fortschritt unseres Wissens über die unbelebte und belebte Natur erreicht werden? Gibt es eine berechtigte Hoffnung, mit dieser Methode die Rätsel des menschlichen Zusammenlebens zu lösen? Können wir auf diese Weise unser Verständnis der Produkte des menschlichen Geistes vertiefen?

Man sollte nicht ausschließen, dass Künstliche Intelligenz in manchen Bereichen einen wertvollen Beitrag zur Hervorbringung von Neuem in der Welt leisten kann. Aber solange es keine Beispiele für umfassende und wegweisende Innovationen durch Computerprogramme gibt, sollte man auf dem Teppich der Tatsachen bleiben. Es gibt bis heute keine überzeugenden Belege dafür, dass Künstliche Intelligenzen auch nur annähernd an den Einfallsreichtum des Menschen – und zwar in allen möglichen Bereichen des privaten und politischen Lebens – heranreichen könnten. Auch eine echt empfundene Lust auf Neues wird man bei computergenerierten Algorithmen wohl kaum antreffen.

Eine letzte Möglichkeit, das Verhältnis von Kreativität und Künstlicher Intelligenz zu fassen, besteht deshalb in einer bescheidenen und eingeschränkten These: Wir könnten von der „Aktivität" von Computerprogrammen etwas für die Ausbildung und Ausübung unserer eigenen Kreativität lernen. Die Kreativität von Algorithmen könnte auf diese Weise eine Hilfe zur Erklärung von menschlicher Kreativität sein.[18] Maschinen eignen sich womöglich als *Modelle* zur *Simulation* kreativen Denkens und Handelns, sie könnten unter Umständen in manchen Bereichen als ein Vorbild fungieren. Dabei müssten wir ihnen gar kein besonderes Vermögen zur Kreativität zuschreiben.

Auch diese Möglichkeit sollte man nicht grundsätzlich von der Hand weisen. Der kreative Mensch ist schließlich immer für Anregungen aufgeschlossen. Dennoch ist selbst diese relativ bescheidene Auffassung einem gewichtigen Einwand ausgesetzt: Computerprogramme sind erst einmal Schöpfungen des Menschen. Sie besitzen daher keine Fähigkeiten, die wir ihnen nicht mitgegeben hätten. Was also, so der Einwand, sollten wir von ihnen lernen können, das wir ihnen nicht schon von vornherein beigebracht hätten? Wie soll man sich hier einen Transfer vorstellen, wo es doch von Beginn an eine klare Asymmetrie zugunsten der Menschen zu geben scheint?

Man könnte darauf erwidern, dass Computer inzwischen in vielerlei Hinsicht lernfähig sind und von selbst Fähigkeiten ausbilden können, die wir nicht programmiert haben. An dieser Stelle könnte dann also ein echter Transfer statt-

---

[18] Boden (2018a, 60).

9 Künstliche Intelligenz

finden. Nur setzt diese Erwiderung voraus, was wir mit unserer bescheidenen These ausschließen wollten: dass Computer kreativ sein und sich eigenständig weiterentwickeln können. Wenn das richtig ist, dann könnten wir Maschinen möglicherweise in manchen Bereichen tatsächlich zum Vorbild nehmen. Dennoch gibt es gewichtige Zweifel selbst an dieser Auffassung. Und daher sollten wir auch bei der Annahme, wir könnten von Maschinen etwas lernen, Vorsicht walten lassen. Solange man diesen Kreaturen keine schöpferischen Kräfte zubilligen möchte, kann man nicht mehr aus ihnen herausholen, als man von Anfang an in sie hineingesteckt hat.

Wir können rekapitulieren: Es gibt verschiedene Möglichkeiten, die Frage nach dem Verhältnis von Kreativität und Künstlicher Intelligenz zu verstehen und zu beantworten. Das Spektrum reicht von schwärmerischer Euphorie bis zu einem grundsätzlichen Zweifel an den kreativen Fähigkeiten der von Algorithmen gesteuerten Intelligenz. Diese unterschiedlichen Möglichkeiten schließen sich nicht immer gegenseitig aus. Eine vorsichtige Skepsis lässt sich zwar kaum mit einem überbordenden Optimismus vereinbaren, kann aber verschiedene Möglichkeiten von „Kreativität" – im Sinne von innovativen Lösungen für begrenzte Probleme – in einigen Bereichen durchaus anerkennen.

Der grundsätzliche Zweifel speist sich insbesondere aus der Annahme, dass das Vermögen zum autonomen, absichtlichen Handeln eine unhintergehbare Voraussetzung für das Hervorbringen von Neuem in der Welt bleibt. Überzeugende Argumente für die Ausräumung dieses Zweifels bleiben selbst die beeindruckenden Fortschritte bei der Entwicklung Künstlicher Intelligenzen schuldig.

Kreativität ist zunächst einmal eine Fähigkeit des Menschen, und auf absehbare Zeit wird das wahrscheinlich so bleiben. Die Kreativität von Künstlicher Intelligenz, schreibt die – in dieser Frage ganz und gar unvoreingenommene – Kreativitätsforscherin Margaret Boden[19], „can sometimes match, or even exceed, human standards in some small corner of science or art. But matching human creativity *in the general case* is quite another matter."

Man mag Künstlicher Intelligenz also eine eigenständige Lernfähigkeit attestieren. Auch steht es außer Frage, dass Roboter dem Menschen bei der Hervorbringung von Neuigkeiten inzwischen nützliche Dienste leisten können. Offen bleibt, ob Algorithmen in der Lage sind, ein eigenständiges Vermögen zur Kreativität zu entwickeln. Wenn dies nicht der Fall ist, dann wären auch

---

[19] Boden (2018a, 63; Hervorh. i. O.).

alle Bemühungen zum Scheitern verurteilt, Maschinen ein Kreativitäts-Training absolvieren zu lassen. Künstliche Intelligenzen sind nicht zum Tagträumen befähigt, sie machen keinen Mittagsschlaf, und sie können sich vor allem auch nicht langweilen.

Durch Langeweile lernen 10

Die Kreativität des Menschen ist ein hohes Gut. Unsere Originalität befähigt uns zur Erfindung und Herstellung vieler nützlicher Dinge für unser Leben. Sie ist gleichzeitig eine Fähigkeit, deren Ausübung um ihrer selbst willen wertvoll sein kann. Die Kreativität kann freilich auch gefährlich werden. In den falschen Händen kann sie großes Leid und großes Elend bewirken. Trotzdem wollen wir nicht auf sie verzichten.

Wenn uns die Kreativität in verschiedenen Bereichen als wertvoll erscheint, so haben wir auch einen Grund, ihre Ausbildung zu fördern. Die schwierige Frage, die sich nun stellt, lautet: Lässt sich die Leidenschaft zum Neuen anstacheln und stärken? Kann man die Kompetenz zur Kreativität lehren und lernen? Erwirbt man sie wie die Fähigkeit zum Skifahren? Und wenn ja, wie gestaltet man solche Lernprozesse möglichst erfolgreich?

Bevor wir diese Fragen behandeln, sollten wir zwei Beobachtungen anstellen: Einerseits gibt es viele Angebote zur Förderung der Originalität im Allgemeinen und zum Erwerb besonderer Techniken im Besonderen. Schulungen gibt es sowohl für die kreative Lebenskunst als auch für einzelne Künste wie die Literatur oder die Malerei.

Andererseits grassiert auch eine große Skepsis in Bezug auf die Lehr- und Lernbarkeit von Kreativität, und diese Skepsis entspringt zuletzt einer romantischen Auffassung. Wenn man diese Fähigkeit nämlich als ein Geschenk der Götter ansieht, dann kann man sie nicht als das Ergebnis eines Lernprozesses verstehen. Wenn nur Genies kreativ sein können, dann wird dem Versuch der Förderung von Kreativität bei möglichst vielen Menschen kein Erfolg beschieden sein. Zu einem ähnlichen Schluss wird man kommen, wenn man meint, die Kreativität auf eine genetische Veranlagung zurückführen zu können. Früher oder später sollte man den kreativen Menschen dann sogar züchten können. Aber zur Kreativität erziehen lässt er sich in einem solchen Fall eben nicht.

Mit einer humanistischen Theorie der Kreativität werden wir in dieser Hinsicht weniger Schwierigkeiten haben. Dabei sollten wir beachten, dass wir *allen* Menschen eine Veranlagung zur Hervorbringung neuer Dinge zuschreiben können. Die Kreativität ist dem Menschen sozusagen in die Wiege gelegt, die Natur hat ihn mit einer Lust auf Neues ausgestattet. Schon Platon meint im *Symposion* (206c): „Alle Menschen ... sind fruchtbar sowohl dem Leibe als der Seele nach, und wenn sie zu einem gewissen Alter gelangt sind, so strebt unsere Natur zu erzeugen."

Die Schönheit spielt dabei für unsere Schöpfungskraft eine ganz wichtige Rolle. Platon bezeichnet sie als „eine einführende und geburtshelfende Göttin ... für die Erzeugung" (206d). Die Lust am Schönen kann uns also zur Befruchtung animieren und zu kreativen Tätigkeiten stimulieren. Die körperliche Zeugungslust bringt Kinder hervor, die geistige Zeugungslust bringt die Gerechtigkeit als höchste Tugend der Seele hervor – und zwar sowohl im Individuum als auch in der Gemeinschaft (208e–209a).

Ohne mich an einer Quadratur des Kreises zu versuchen, möchte ich in diesem abschließenden Kapitel zweierlei zeigen: Die Kreativität kann tatsächlich nicht – wie eine Sprache oder das Autofahren – unterrichtet und erlernt werden. Es gibt kein festes Regelwerk zur Hervorbringung von Neuem, und deshalb gibt es auch nicht die Möglichkeit, diese Fähigkeit in einen Algorithmus zu gießen.

Dennoch unterscheidet sich diese Fähigkeit nicht fundamental von anderen Fähigkeiten unseres Geistes. Wir haben es bei der Kreativität nicht mit einem Geschenk der Götter zu tun. Selbst wenn es eine natürliche Veranlagung für dieses Talent gibt, so sind kreative Leistungen doch meist auf Disziplin, Fleiß und Beharrlichkeit zurückzuführen. Schon Johann Sebastian Bach verstand sich in erster Linie als Handwerker: „Ich habe fleißig seyn müssen; wer eben so fleißig ist, der wird es eben so weit bringen können."[1]

Wenn wir also kreative Leistungen nicht aus dem Nichts hervorzaubern können, so können wir bestimmte Antriebe und Anlagen doch fördern und ausbilden helfen. Über Umwege kann man sich der Kreativität also durchaus annähern. So wie sie übrigens selbst durch Umwege befördert werden kann: Oft findet man überraschende Neuigkeiten gerade an den Stellen, an denen man sie zuallerletzt vermutet und gesucht hätte. Die Bereitschaft, sich auf neue Erfahrungen einzulassen, ist dafür allerdings eine entscheidende Voraussetzung.

---

[1] Zitiert nach Gardiner (2016, 26).

10 Durch Langeweile lernen

Dieses Phänomen wird in der rezenten Literatur auch mit dem Begriff der Serendipität bezeichnet.[2]

Gehen wir von der Möglichkeit des Erlernens eines kreativen Vermögens aus, dann müssen wir uns mit einem wichtigen Einwand beschäftigen. Wenn es nämlich gute Gründe zum Zweifel an der Idee gibt, *dass* die Kreativität erlernbar ist, dann brauchen wir uns gar nicht mit der Frage zu befassen, *wie* diese Fähigkeit gefördert werden kann. Die erste Frage danach, *ob* man diese Fähigkeit überhaupt zum Gegenstand eines Unterrichts machen kann, wird auch eher in die Zuständigkeit der Philosophie fallen. Im Bereich der Pädagogik ist dann die Frage angesiedelt, *auf welche Weise* man dies tun kann.

Sehen wir uns ein erstes Argument gegen die Lehrbarkeit der Kreativität an.[3] Das sogenannte Regel-Argument basiert auf zwei Annahmen: Lernen, so die erste Annahme, besteht in der Befolgung von Regeln. Wenn zusätzlich eine zweite Annahme, dass nämlich die Kreativität in einem grundsätzlichen Gegensatz zur Befolgung von Regeln steht, richtig ist, so muss der Schluss unweigerlich lauten, dass kreative Fähigkeiten niemals zum Gegenstand eines Unterrichts werden können.

Bereits Kant verwendet dieses Argument. In der *Kritik der Urteilskraft* (AA V, § 47) schreibt er, man könne Newton kein Genie nennen: „Die Ursache ist, dass Newton alle seine Schritte, die er … zu tun hatte, … jedem andern, ganz anschaulich und zur Nachfolge bestimmt vormachen könnte; kein Homer aber oder Wieland anzeigen kann, wie sich seine phantasiereichen und doch zugleich gedankenvollen Ideen in seinem Kopfe hervor und zusammen finden, darum weil er es selbst nicht weiß, und es also auch keinen anderen lehren kann."

Da Lehren und Lernen immer ein Vormachen und Befolgen von Regeln beinhaltet, Kreativität dagegen ein Talent ist, „dasjenige, wozu sich keine bestimmte Regel geben läßt, hervorzubringen" (KdU, AA V, § 46), könne Kreativität, so der Philosoph aus Königsberg, auch nicht gelehrt werden.

Die Kritik eines Arguments kann nun immer an verschiedenen Stellen einsetzen. Man kann die Geltung der Prämissen infrage stellen und auf diese Weise Zweifel an der *Triftigkeit* eines Schlusses anbringen. Wenn schon die Ausgangsannahmen nicht richtig sind, dann kommt ein Argument erst gar nicht aus seinen Startlöchern.

---

[2] Johnson (2011, 97 ff.); Busch (2020).
[3] Gaut (2014, 266).

Unter Umständen mögen jedoch die Prämissen richtig sein und dennoch berechtigte Zweifel an der Konklusion bestehen. Nehmen wir ein Beispiel für diesen letzteren Fall: Alle Menschen sind sterblich; und Sokrates ist ein Mensch. Daraus folgt jedoch nicht, dass Zeus sterblich ist. Diesem Argument müsste man, trotz unzweifelhaft richtiger Prämissen, die *Gültigkeit* absprechen. Hier hat sich nämlich die falsche Zusatzannahme eingeschlichen, dass Zeus ein Mensch ist.

Ist das Regelargument gegen die Erlernbarkeit der Kreativität triftig? Bereits die erste Prämisse muss man nicht schlucken. Besteht Lernen tatsächlich immer nur in einem Befolgen von Regeln? In vielen Fällen mag das zutreffen. Wir können die Regel für die A-Konjugation im Lateinischen lernen und auf Verben wie „amare" oder „sonare" anwenden. Die Schülerin hat die A-Konjugation also erfolgreich gelernt, wenn sie diese Regel für alle Verben der betreffenden Sorte verwenden kann. Mit der Anwendung dieser Regel wird keine Neuigkeit hervorgebracht. Die Regelkonformität dient ja gerade dazu, überraschende und unwillkommene Fehler zu vermeiden.

Die offene Frage lautet freilich, ob *alle* Lernprozesse diesem Muster entsprechen. Für das Erlernen der Ausführung einer musikalischen Geste auf einem Instrument gibt es keine allgemeingültige Regel. Jedenfalls kann der Musiklehrer nicht immer eine verbale Anweisung für die Art der Ausführung einer Geste geben. Stattdessen wird er diese Geste selbst ausführen und den Schüler zur Nachahmung auffordern. „Wenn dir plötzlich ein Thema, eine Wendung, etwas sagt", schreibt Ludwig Wittgenstein in *Zettel* (Werke Bd. 8, § 158; Hervorh. i. O.), „so brauchst du dir's nicht erklären zu können. Es ist dir plötzlich auch *diese* Geste zugänglich."

Nun ist die bloße Nachahmung einer Geste noch keine kreative Leistung. Der Schüler wiederholt nur einen Vorgang, den er beim Lehrer beobachtet hat. Doch ich wollte hier die Annahme infrage stellen, dass Lernen lediglich in einer Befolgung von Regeln besteht. Lernen besteht zweifellos im Erwerb einer neuen Fähigkeit. Auch das Erlernen von Konjugationsregeln ist kreativ – zumindest im Sinne der P-K. Dem Schüler mag mit der Kenntnis der Regel durchaus ein neues Licht aufgehen.

Doch ist der Erwerb von neuen Fähigkeiten nicht notwendig an das Erlernen der Handhabung bestimmter Regeln gebunden. Die Ausübung der Kreativität mag dann nicht hinreichend mit der Befolgung bestimmter Vorschriften zu erklären sein. Aber wir haben gesehen, dass wir auch andere Dinge als nur eine Befolgung von Regeln lernen können. Somit ist die Ausübung der Kreativität kein mysteriöses Hexenwerk, das man nicht – etwa durch gute Vorbilder – lehren und fördern könnte. Mit diesen Zweifeln an der Richtigkeit der ersten Prämisse kann man also die Triftigkeit des Regel-Arguments infrage stellen.

Auch die zweite Prämisse wirft verschiedene Fragen auf, die das Verhältnis von Regelbefolgung und Kreativität betreffen. Grundsätzlich ist es fraglos richtig, dass die Hervorbringung einer Neuigkeit nicht in der Befolgung einer Regel aufgehen kann. Eine kreative Tätigkeit wird immer über eine bloße Konformität mit Vorschriften und Vorbildern hinausgehen. Was in einer Regel bereits angelegt ist, kann nicht wirklich neu sein. Wenn die Schülerin die Regel der A-Konjugation auf ein neues lateinisches Verb anwendet, ist sie damit noch nicht kreativ.

Dennoch kann man aus diesem Grund nicht sagen, dass die Kreativität in einem grundsätzlichen Widerspruch oder einer vollständigen Unvereinbarkeit zur Regelkonformität steht. Die Dinge, darauf habe ich bei meinen Überlegungen zur Originalität in der Kunst bereits hingewiesen, sind ein wenig komplizierter: In mehrfacher Hinsicht bleibt die Ausübung von Kreativität an die Existenz und die Kenntnis bestimmter Regeln gebunden.

So setzt der überraschende Bruch einer Regel deren Existenz und vor allem deren Kenntnis voraus. Die Verletzung einer Regel muss nicht notwendig in eine radikale Kritik und Abschaffung dieser Regel münden. Eine kalkulierte und begrenzte Abweichung von einer Norm kann auf eine Verfeinerung und Weiterentwicklung eines Regelwerks abzielen. So kann man sich auch das Verhältnis von Kreativität und bestimmten Traditionen vorstellen. Wir brauchen eine kritische Reflexion tradierter Normen des Verhaltens, um diese lebendig zu erhalten, an neue Umstände anzupassen und weiterzuentwickeln.

Eine kreative Auseinandersetzung und Weiterentwicklung von Traditionen setzen aber nicht nur eine Kenntnis ihrer Inhalte voraus. Die kritische Hinterfragung einiger ihrer überholten Vorschriften hat darüber hinaus eine Beachtung einer Vielzahl ihrer übrigen Bestandteile zur Bedingung. Die Einführung bestimmter Neuigkeiten wäre in diesem Fall nur vor dem Hintergrund der Akzeptanz und Beibehaltung des Bewährten denkbar.

Das ist der eine Aspekt. Ein anderer Aspekt betrifft die besondere Kompetenz zur Kritik und Infragestellung von Regeln oder Normen. Es ist eben diese Fähigkeit zur Abkehr vom Hergebrachten, die man oft als die eigentliche Kraft zur Kreativität bezeichnet. Auch für diese Aktivität gibt es zahllose Vorbilder insbesondere in der Geschichte der Kunst. Die Avantgarde ist heute selbst eine Tradition geworden. Teilweise kann man von einem Dogma sprechen, das vom „echten" Künstler eine Infragestellung und Überwindung von tradierten Regeln verlangt.

Vielleicht muss man in diesem Fall nicht gleich von einem Gebot des Regelbruchs sprechen. Sonst könnte man die Kreativität nämlich der Gruppe der regelgeleiteten Aktivitäten zuordnen, und dann würde man die zweite Prämisse als falsch zurückweisen können. Aber so weit müssen wir gar nicht gehen. Es reicht schon der Hinweis auf die Tatsache, dass die Ausübung von Kreativität in einem komplizierten Verhältnis zur Anwendung von Regeln steht und die Annahme einer bloßen Unvereinbarkeit dieser beiden Aktivitäten nicht besonders hilfreich ist.

Weder geht also das Lernen in der Befolgung von Regeln auf, noch haben wir mit der Feststellung eines Unterschieds zwischen der Befolgung von Regeln und der Hervorbringung von Neuigkeiten eine neue Erkenntnis über die Ausübung von kreativen Fähigkeiten gewonnen. Dem Regel-Argument gegen die Lehrbarkeit von Kreativität muss man aus diesen Gründen die Triftigkeit absprechen.

Was dessen Gültigkeit angeht, so sollte auf eine gewisse Doppeldeutigkeit bei der Verwendung des Ausdrucks „Erlernen von Kreativität" aufmerksam gemacht werden. Wenn ein und derselbe Ausdruck nämlich in zwei verschiedenen Bedeutungen verwendet wird, dann kann dies einen Schluss aus richtigen Prämissen ungültig machen.[4]

Wir können damit einerseits die *Art und Weise* des Lernens bestimmter Fähigkeiten bezeichnen. So lassen sich manche Kompetenzen – das Beherrschen einer Sprache oder eines Musikinstruments – besser mit originellen Methoden erlernen. Die Fähigkeiten, die wir mit diesen Methoden erwerben, werden zumindest teilweise durchaus von Regeln angeleitet. Der (kreative) Weg ist in diesen Fällen also nicht das (regelorientierte) Ziel. Und gegen eine solche Möglichkeit des kreativen Lernens von teilweise unkreativen Tätigkeiten kann man grundsätzlich sicher nichts einwenden. Man mag mit einer kreativen Didaktik also mehr oder weniger Erfolg haben.

Mit der Rede des „Erlernens von Kreativität" können wir andererseits auch auf das *Ziel* der Ausbildung einer spezifischen Fähigkeit hinweisen. Dieses Phänomen sollten wir aber glasklar von einer kreativen Art und Weise des Lernens beliebiger Fähigkeiten abgrenzen! Trifft das Regel-Argument gegen die Erlernbarkeit von Kreativität (in diesem zweiten Sinne) zu? Natürlich nicht.

Zwar hängt die Ausübung unserer kreativen Kompetenzen nicht von der Befolgung bestimmter Regeln ab. Doch daraus folgt nicht, dass das Erlernen dieser Fähigkeit nicht in einer Praxis stattfinden kann, die von Regeln angeleitet ist. Warum sollte die Fähigkeit zur spielerischen Weiterentwicklung und zur Verletzung von Normen nicht mit Übungen trainiert werden, die recht strikte Vor-

---

[4] Gaut (2014, 268).

gaben aufstellen? Grundsätzlich ist dagegen nicht nur nichts einzuwenden. Es fällt auch nicht schwer, praktische Beispiele für diese Möglichkeit zu finden. In der Geschichte der Kunst, der Wissenschaft und der Politik gibt es zahlreiche Vorbilder, an denen wir uns orientieren können, wenn wir die Fähigkeit ausbilden wollen, uns von einengenden Regeln zu befreien.

Das Regel-Argument ist wegen der Fragwürdigkeit seiner Prämissen also nicht nur nicht triftig. Es erweist sich aufgrund einer begrifflichen Ambiguität zudem als ungültig.

Neben dem Regel-Argument kann man das Nachahmungs-Argument gegen die Möglichkeit des Erlernens von Kreativität ins Feld führen:[5] Da alles Lernen, so die erste Prämisse dieses Arguments, eine Form des Nachahmens sei, und da sich die Nachahmung, so die zweite Prämisse, jedoch nicht mit der Hervorbringung von Neuem vereinbaren lasse, müsse man den Schluss ziehen, dass sich die Freude am Neuen nicht unterrichten und nicht lernen lasse.

Wie bereits das Regel-Argument weist auch das Nachahmungs-Argument mehrere Schwächen auf: Man kann beide Prämissen in Zweifel ziehen, und man kann die Gültigkeit des Schlusses infrage stellen.[6] Es gibt also keinen guten Grund, einen radikalen Zweifel an der Erlernbarkeit der Kreativität zu hegen.

Wir haben gesehen: Die Kreativität hängt zu einem großen Teil von ganz gewöhnlichen Kompetenzen ab. Das Gedächtnis[7], die Neugier und die Offenheit, der Mut und der Fleiß zählen zu den Voraussetzungen der Originalität nicht nur von Künstlern, Wissenschaftlern und Staatsmännern, sondern auch von Eltern und Lebenspartnern, von Lehrern und Ärzten, von Sterne- und Hobbyköchen. Sowohl für die Kreativität mit einem großen K als auch für die Kreativität mit einem kleinen k gibt es dabei vielfältige Möglichkeiten eines von Regeln angeleiteten Trainings.

Der menschliche Geist ist sicherlich kein Computerprogramm, die Fähigkeit zur Kreativität kann nicht in einen Algorithmus überführt werden. Das Training kann scheitern, alle Mühen und Anstrengungen mögen umsonst sein. Den Sprung ins Ungewisse, Unvorhersehbare muss das Individuum oder die Gemeinschaft am Ende selbst wagen. Die Lust auf Neues lässt sich nicht durch Programme steuern, aber sie ist deswegen doch keine mysteriöse Gabe der Götter.

---

[5] Gaut (2014, 266).
[6] Gaut (2014, 268 f.).
[7] Weisberg (2020, 437 f.).

Die letzte Verantwortung für eine mutige Initiative, in den gewöhnlichen, vorhersehbaren Gang der Dinge einzugreifen und eine neue Kette von Ereignissen anzustoßen, kann dem kreativ Handelnden nicht abgenommen werden.

Nachdem wir die grundsätzliche Möglichkeit geklärt haben, *dass* Kreativität erlernbar ist, sollten wir uns nun der Frage zuwenden, *wie* sie trainiert werden könnte. Zu deren Beantwortung müssen wir die Forschungsergebnisse aus der Psychologie und der Pädagogik heranziehen. Gibt es Erfahrungswerte zur Schulung der Fähigkeit, etwas Originelles in die Welt zu setzen? Wie trainieren wir die Kompetenz, mit Neuigkeiten zu überraschen?

Ich habe oben eine allgemeine und grundsätzliche Unterscheidung zwischen dem Ziel und den Methoden von pädagogischen Maßnahmen eingeführt. Das sind zwei Paar Stiefel: Wir können die Fähigkeiten zur (unkreativen) Befolgung von Regeln auf eine kreative, nicht nur an Regeln orientierte Art und Weise schulen. Umgekehrt können wir unsere schöpferischen Talente möglicherweise durch einTraining fördern und ausbilden helfen, das durch eine strikte Befolgung von Regeln angeleitet ist.

In der Wirklichkeit werden diese beiden Paar Stiefel jedoch nebeneinanderstehen. Die Fähigkeit zur Kreativität wird sich wohl durch neue und überraschende Unterrichtsmethoden besonders gut fördern lassen; eine Befähigung zur Innovation wird nicht nur durch eine Einübung in die Befolgung von Regeln erworben. Außerdem ist die Annahme nicht richtig, dass wir nur eine Befolgung von Regeln unterrichten und lernen können. Eine mit einer Lust auf Neues verfahrende Didaktik ist für ein effektives und erfolgreiches Training der Kreativität deshalb unverzichtbar.

Was sind nun die wichtigsten Techniken und Methoden zur Förderung unserer kreativen Kräfte? Hier muss man wieder differenzieren: Eine Befähigung zur Erweiterung unseres Wissens erlernt man auf andere Art und Weise als den Schöpfergeist in der Kunst, in der Politik oder in der Philosophie.[8] Die Ausbildung und Förderung einer Kompetenz zur kreativen Lebensführung von „gewöhnlichen" Menschen mit einem kleinen k steht dabei noch einmal auf einem anderen Blatt. Dennoch meine ich, dass es Gemeinsamkeiten in unterschiedlichen Bereichen gibt.

Eine erste wichtige Technik ist die Einübung in die Fähigkeit, Fragen zu stellen.[9] Nur ein Mensch, der von sich aus fähig ist, Fragen zu stellen, wird überraschende Antworten geben können. Wer sich nicht wundern kann, der wird gar

---

[8] Hájek (2018).
[9] Sternberg (2019, 91 ff.).

nicht erst auf die Idee kommen, dass sich die Dinge auch ganz anders verhalten könnten. Nur wer die Frage hinter einer Auffassung sieht, nur wer das Problem kennt, das gelöst werden soll, wird zudem sehen, dass es oft mehrere Antworten gibt.

Wenn ich die hinter einer Auffassung stehende Frage kenne, sehe ich mich gezwungen, verschiedene Möglichkeiten in Betracht zu ziehen. Meine Ansicht versteht sich nicht mehr von selbst! Vor allem werde ich mich im Gespräch mit Andersdenkenden dazu veranlasst sehen, meine Behauptungen auch zu begründen.

Darauf hat vor allem John Stuart Mill hingewiesen: „So ungern jemand, der eine bestimmte Überzeugung hat, die Möglichkeit zugeben wird, dass sie falsch sein könnte, sollte ihn doch die Überlegung leiten, dass man sie … nur für totes Dogma und nicht als lebendige Wahrheit ansehen kann, wenn sie nicht vollständig, oft und furchtlos zur Debatte gestellt wird."[10] In der Konfrontation mit anderen Meinungen lerne ich also nicht nur, meine Auffassung infrage zu stellen. Ich werde mich auch dazu veranlasst sehen, meine Sicht der Dinge mit guten und eventuell neuen Argumenten zu stützen.

Erst der Zweifel und die Skepsis, erst der Widerspruch und vielleicht auch der Streit eröffnen also einen Raum von Möglichkeiten, der für eine Ausübung unserer kreativen Kapazitäten unverzichtbar ist. Erst wenn ich sehe, dass ich – Sokrates lässt grüßen – etwas nicht weiß, kann ich etwas Neues in Erfahrung bringen.

Wichtig ist vor allem, dass die Menschen diese Fragen *selbst* stellen und diese Probleme *selbst* identifizieren. Versuche ich nur, Antworten auf Fragen zu geben, die mir andere Menschen stellen, wird meine Vorstellungskraft von Anfang an beschränkt und gehemmt sein. Eine gute Portion Naivität kann dabei manchmal sehr nützlich sein. Wer sich dumm stellt, kann zuletzt der Klügere sein.

Ein zweiter, eng damit verbundener Punkt betrifft die Kultivierung einer Technik der Ambiguitätstoleranz.[11] Wer offene Fragen möglichst schnell wieder schließen und einfach beantwortet haben möchte, beraubt sich der Möglichkeit, neue und ungewohnte Antworten zu finden. Wir sollten uns also in Geduld üben und uns vor vorschnellen Schlüssen hüten. Wir müssen lernen, die Ungewissheit auszuhalten, die mit unbeantworteten Fragen einhergeht.

---

[10] Mill (1974, 53).
[11] Sternberg (2019, 96).

Eine dritte Methode zur Kultivierung unserer Kreativität besteht im Zulassen und Aushalten eines Zustands der Inaktivität. Kurz: Die Muße und die Langeweile sind wichtige Bestandteile für die Ausübung einer Fähigkeit zur Hervorbringung überraschender Neuigkeiten in der Welt. Gut möglich, dass das Potenzial des Lernens durch Leiden *(pathei mathos)*, von dem der griechische Dichter Aischylos in der *Orestie* spricht, weithin überschätzt wird. Die Langeweile ist dagegen eine weithin unterschätzte Quelle neuer Erfahrungen und Entdeckungen.

Wer Phasen des Nichtstuns nicht aushält und schnell die Ablenkung sucht, wer sich in einem Zustand der Passivität unwohl fühlt, der wird sich nicht sammeln, nicht seinen Träumen nachhängen und keine eigenen Ideen entwickeln können.[12] Gerade die tägliche Siesta kann deshalb einen großen Beitrag zur Kultivierung von Kreativität leisten.[13]

Dass die Zerstreutheit und die Langeweile wichtige Voraussetzungen für die Aktivierung unserer schöpferischen Fähigkeiten sind, wird durch viele Selbstzeugnisse von kreativen Menschen bestätigt: „Wenn der Schlaf der Höhepunkt der körperlichen Entspannung ist", schreibt der deutsche Philosoph Walter Benjamin, „so die Langeweile der geistigen. Die Langeweile ist der Traumvogel, der das Ei der Erfahrung ausbrütet."[14]

Auch zahlreiche Ergebnisse der jüngeren Psychologie und der Hirnforschung stützen diese These: Obgleich wir uns natürlich vor Verallgemeinerungen hüten sollten, kann man einen positiven Einfluss der geistigen Inaktivität auf die Kreativität feststellen.[15] Wenn das Denken vorübergehend keinen Fokus hat, können wir frei in unseren Gedanken schweifen. Das für diese „Aktivität" zuständige Gehirnareal wird *Default Mode Network* (DMN) genannt.[16] „Das DMN", so der Neurobiologe Konrad Lehmann, „ist der Ursprung unserer Tagträume, es arbeitet, wenn wir geistesabwesend und zerstreut sind, wenn wir sinnieren, abschweifen, grübeln, uns die Zukunft vorstellen. Dann ..., wenn uns die kreativen Ideen kommen."[17]

Wir müssen also unseren Ideen den Raum geben und die Zeit lassen, die sie für ihre Entfaltung brauchen. Wir sollten deshalb auch Ambiguitäten aushalten

---

[12] Lehmann (2018, 174 ff.).
[13] Pacquot (2020, 54 ff. und 71 ff.).
[14] Benjamin (2007, 110 f.).
[15] Mann und Cadman (2014); Park u. a. (2019).
[16] Abraham (2018, 90 ff.); Lehmann (2018, 189 ff.); Weisberg (2020, 449 ff.).
[17] Lehmann (2018, 195).

und nicht vorschnell Bewertungen abgeben. Das Brainstorming ist deshalb eine gute Methode, um das kreative Potenzial einer Gruppe zu aktivieren.[18] Auch der Anblick von Natur kann solche Zustände positiv beeinflussen: Zahlreiche Studien haben Lehmann zufolge gezeigt, „dass bereits der Anblick von Pflanzen die Qualität von Einfällen verbessert, ganz zu schweigen von drei Tagen in der Wildnis".[19]

Einen Spaziergang kann man somit als eine gute Möglichkeit zur Stimulierung unserer kreativen Kräfte ansehen. Zusätzlich scheint das Musizieren einen günstigen Einfluss auf das Wachstum bestimmter Gehirnareale zu nehmen und den Einfallsreichtum des Menschen zu befördern. „Wie kürzlich erst gezeigt wurde", so Lehmann, „ist die Hirnrinde in Teilen des DMN auch dicker bei Menschen, die regelmäßig kreativ Musik machen."[20] Günstig wirkt sich nicht zuletzt der Humor für die Entwicklung unserer Freude am Neuen aus.[21]

Vielleicht entspricht das nicht der Vorstellung eines schweißtreibenden Trainings zum Erwerb neuer Fähigkeiten. Man könnte eher von einer Kultivierung bestimmter Fertigkeiten sprechen. Der Begriff des „Trainings" ist dabei insofern nicht ganz unberechtigt, als auch diese „Übungen" eine gewisse Regelmäßigkeit und Disziplin erfordern und womöglich eine Überwindung kosten. Manchmal muss man sich zum Nichtstun geradezu zwingen.

Wenn die kreativen Fähigkeiten aber mehr oder weniger regelmäßig angeregt und ausgeübt werden, dann wird das zu einer Stärkung und Erweiterung dieser Kompetenzen führen. Der Begriff des „Trainings" trifft diesen Zusammenhang zuletzt sehr gut. Die Kultivierung unserer Kreativität fällt somit in den Bereich unserer eigenen Verantwortung. Die Ausbildung unserer kreativen Fähigkeiten ist damit ein möglicher Bereich unserer Selbstkreation. Wenn wir kreativer werden wollen, können wir das teilweise selbst in unsere Hände nehmen.

Als einen wichtigen Teil des Trainings von Kreativität kann man nicht zuletzt die Aneignung von schöpferischen Leistungen anderer Menschen bezeichnen. Dabei geht es nicht nur darum, die Befolgung von Normen einzuüben. Kreatives Tun setzt sich schließlich häufig über existierende Regeln hinweg; Neues hervorzubringen erfordert vielfach einen Bruch von Vorschriften. Dennoch setzt diese

---

[18] Sternberg (2019, 88).
[19] Lehmann (2018, 174).
[20] Lehmann (2018, 196).
[21] Beghetto (2018).

Fähigkeit eine Kenntnis dieser Regeln voraus. Man kann daher nicht sagen, dass sich die Idee der Expertise in einem Gegensatz zum kreativen Denken und Handeln befindet.[22]

Man könnte vielleicht auch sagen, die Lust auf Neues befinde sich in einem „dialektischen" Verhältnis zur Liebe des Alten und die beiden Phänomene setzten sich wechselseitig voraus. Für die Befriedigung unserer Lust auf Neues sind wir sicherlich oft auf Ideen angewiesen, die uns Traditionen zur Verfügung stellen. Und die Liebe zum Alten verdient ihre Bezeichnung nur dann, wenn wir in den Dingen, die wir gut kennen, immer wieder neue, überraschende Elemente entdecken. Die Lust auf Neues speist sich also nicht zuletzt aus unserem Traditionsbewusstsein, und auch die echte Liebe zum Alten setzt eine Befähigung zur Kreativität voraus.

Wenn wir jetzt aber behaupten, die Lust auf Neues habe die Liebe zum Alten zu ihrer Bedingung oder Voraussetzung, dann laufen wir Gefahr, entweder eine Selbstverständlichkeit als neue Erkenntnis zu verkünden oder einen kapitalen Fehler zu machen. Denn natürlich ist die Kreativität des Menschen keine *creatio ex nihilo;* das Alte findet in das Neue seinen Eingang.

Wir würden jedoch das spezifische Phänomen der Kreativität verlieren, wenn wir sagen, jede Innovation sei nichts als eine Restauration von Traditionen. Dann könnte man gar nicht mehr sinnvoll von einer Lust auf Neues sprechen; und die Möglichkeit einer Unterscheidung zwischen dem Neuen und dem Alten würde uns gleichsam zwischen den Fingern zerrinnen. Deshalb sollten wir uns auch nicht davor scheuen, die Lust auf Neues in manchen Fällen mit einer emotionalen Ablehnung des Alten zu motivieren. Und umgekehrt kann die Liebe zum Alten in vielen Fällen auf eine gut begründete Angst vor dem Neuen zurückgeführt werden.

Innovationen müssen also nicht immer das Alte restaurieren, und die Freunde des Alten können von einem Dialektiker nicht dazu gezwungen werden, ihre Liebe zum Bewährten nur um den Preis hegen und pflegen zu dürfen, dem Unbekannten gegenüber offen zu sein. Mit der Rede eines dialektischen Verhältnisses einer Lust auf Neues und einer Liebe zum Alten ist also nicht nur dem Erkenntnisfortschritt wenig gedient. Ganz abgesehen davon, dass sie inzwischen auch etwas abgedroschen ist, scheint mir diese Redeweise zudem eher in die Irre zu führen, als ein neues Licht auf unseren Untersuchungsgegenstand zu werfen.

Dennoch gilt: Viele Innovationen werden aus alten Ideen entwickelt.[23] Ohne ein gutes Gedächtnis und eine intime Kenntnis der kreativen Leistungen

---

[22] Weisberg (2020, 213); Swanton (2021, 98).
[23] Weisberg (2020, 213).

ihrer Vorgänger werden Menschen keine guten Einfälle haben. Und daher sind bestimmte Lernprozesse als eine echte Voraussetzung für den Erwerb von kreativen Kompetenzen anzusehen.[24]

Grundsätzlich sind diese Kompetenzen in der Reichweite aller Menschen angesiedelt. Nicht jeder Mensch, das ist die schlechte Nachricht, wird diese Kompetenzen in gleichem Maße erwerben und besitzen. Ganz ohne Glück und eigenverantwortliche Anstrengung wird es nicht gehen, und deswegen werden sich die Menschen in ihrer Lust auf Neues auch unterscheiden. Aber dennoch, und das ist die gute Nachricht, befindet sich das Neue und Überraschende in Reichweite aller Menschen und kann ihr Leben bereichern.

Welches Fazit können wir nun ziehen? Kann man die Kreativität schulen? Es mag zunächst so scheinen, dass sie nicht wie andere Fähigkeiten erlernbar ist. Manchen erscheint sie als ein Geschenk Gottes, als eine Gabe höherer Mächte. Andere sehen sie als eine genetische Veranlagung, als Teil der natürlichen Ausstattung der Menschen. In beiden Fällen wäre die Förderung von Kreativität unmöglich. Wir hätten es mit Dingen zu tun, die wir nicht unter unserer Kontrolle haben.

Wir haben aber gesehen, dass dieser Schein trügt. Die Kraft zur Kreativität resultiert aus einem Zusammenwirken gewöhnlicher Fähigkeiten, die alle Menschen besitzen und entwickeln können. Sie setzt zum einen ein gutes Erinnerungsvermögen voraus. Sie hängt entscheidend von der Neugier, der Offenheit, der Lernbereitschaft und der Fähigkeit zur Infragestellung von Gewohnheiten ab. Sie erfordert einen gewissen Mut und die Lust, sich auf ein unbekanntes Terrain vorzuwagen. Und sie gedeiht vor allem beim Tagträumen, in Zuständen der geistigen Abwesenheit und Zerstreuung.[25] Insbesondere dem Mittagsschlaf gebührt deshalb, das haben wir gesehen, ein großes Lob.

Alle diese Fähigkeiten sind nicht nur angeborene Talente. Man kann diese Tugenden trainieren. Kreativität ist also nicht zuletzt das Resultat von Anstrengung und harter Arbeit.[26] Sowohl die Künste als auch die Wissenschaften – wo Kreativität groß geschrieben wird – erfordern in aller Regel eine lebenslange Anstrengung. Es mag zweifellos Geistesblitze geben, nur haben sie fast immer eine längere Zeit der Inkubation.

---

[24] Weisberg (2020, 209 ff.).
[25] Johnson (2011, 101 ff.).
[26] Dweck (2016, 84 ff.).

Sicherlich können manche Erfindungen im Bereich der Politik – der Staat, die Demokratie, globale Organisationen – als kreative Werke mit einem großen K bezeichnet werden. Allerdings geht auch ihnen oft ein langer historischer Prozess des Ausprobierens, des Scheiterns und des Neuanfangens voraus. Politische Institutionen sind Schöpfungen des Menschen, wir können in ihnen unsere Fähigkeit zur Freiheit verwenden und erfahren.

Auch in den Bereichen, in denen Kreativität klein geschrieben wird, kann die Hervorbringung von Überraschungen trainiert werden. Das Eingehen von zwischenmenschlichen Bindungen und Beziehungen sowie die fortwährende Arbeit an deren Verbesserung muss man sicher zu den kreativen Fähigkeiten des Menschen zählen.

Diese Fähigkeiten sind kein Hexenwerk. Wir profitieren von den Erfahrungen, die wir als Kinder gemacht haben, und wir können vom Austausch mit Freunden und mit Experten lernen, um die Neu- und Umgestaltung unseres Lebens selbstverantwortlich in die Hand zu nehmen.

Sogar die Fähigkeit zur Selbstkreation, welche Grenzen ihr immer auch gezogen sein mögen, hängt von einem gewissen Training ab. Wir haben gesehen, dass wir für unseren Charakter und für die damit zusammenhängende Werteorientierung bis zu einem gewissen Grad selbst die Verantwortung tragen. Wir können auch auf diese Dinge Einfluss nehmen, und zuletzt kann man sogar die schöpferischen Kräfte einer Person als einen möglichen Gegenstand der Selbstgestaltung ansehen. Die Kreativität hat somit sogar einen selbstbezüglichen Aspekt.

Diese Möglichkeit zum Training der Kreativität wird uns durch natürliche Anlagen sowie durch soziale Unterstützung und Förderung erleichtert. Dem Menschen wohnt von Natur eine Lust inne, so Platon im *Symposion* (209b), „zu befruchten und zu erzeugen", wobei das Schöne als Gefäß fungiert, „worin er erzeugen könne". Kinder entdecken ihre Kreativität beim Spielen wie von selbst, und im Idealfall werden sie von ihren Eltern bei diesem lustvollen Lernprozess ermuntert und bestärkt.

Die Kreativität wird auf diese Weise zu einer Einstellung, die unser gesamtes Leben in allen möglichen Phasen und allen denkbaren Bereichen prägt. Alles, was wir erleben und erfahren, wird zu einem Anstoß für eine kreative Entgegnung.[27] Wir müssen dazu das Alte nicht zwanghaft in Frage stellen und können dennoch eine Haltung kultivieren, die es uns erlaubt, offen, großzügig

---

[27] Swanton (2021, 99).

und begeisterungsfähig Überraschungen zuzulassen, die unser Leben bereichern. Wir brauchen keine dogmatische Skepsis gegen dem Bewährten zu hegen, um uns mit großer Lust auf die Suche nach Neuem zu begeben.

Die Kreativität ist, so habe ich am Anfang dieses Buchs gesagt, ein philosophisches Wunder. Es gibt zahlreiche Theorien und Beschreibungen dieses Phänomens. Aber wir können uns letztlich niemals erklären, wie genau es möglich ist, etwas Neues hervorzubringen. Eine Regel, das haben wir gesehen, gibt es dafür jedenfalls nicht.

Wir können am Ende dieses Büchleins hinzufügen: Die Kreativität ist nicht zuletzt selbst ein Vermögen, sich über die Welt zu wundern. Das Gewöhnliche und Alltägliche mag – aus einer bestimmten Perspektive – plötzlich sehr ungewöhnlich und äußerst merkwürdig erscheinen.[28] Es ist nicht selbstverständlich, dass die Dinge so sind, wie sie sind. Sie könnten auch ganz anders sein. Und gerade mit diesem Erstaunen ist manchmal der erste Schritt getan, in die Welt hinauszugehen und sie zu ändern.

Die Quellen dieser wundersamen Schöpferkraft werden nicht so schnell versiegen. Unsere Lust auf Neues wird es uns erlauben, die Zukunft der Menschheit in die Hand zu nehmen. Bereits unsere Vorfahren waren zu bedeutenden Innovationen fähig. Was einmal neu war, ist für uns oft zur Selbstverständlichkeit geworden. Wir sollten uns allerdings immer wieder vor Augen halten, dass die Zukunft auch für unsere Vorgänger offen war. Sie nahmen sich die Freiheit zur Gestaltung ihrer Welt. Wir sollten uns daran ein Vorbild nehmen und uns selbst als kreative Wesen mit einer offenen Zukunft verstehen lernen.

---

[28] Swanton (2021, 103 f.).

Danksagung

Die Idee für dieses Büchlein geht auf Gespräche mit meinen Töchtern Sophie und Paula am Küchentisch zurück. Sophie hat einen ersten Entwurf gelesen und kommentiert. Viele ihrer Ideen habe ich übernommen. Paula überrascht mich immer wieder mit Neuigkeiten in anderen Bereichen. Den beiden Mädchen sei herzlich gedankt.

Große Unterstützung und viele Anregungen verdanke ich darüber hinaus meinen Freunden Axel Hahn, Veit Horlacher, Karl Mair, Marianne Mair und Brigitte Sauerbier. Besonders profitiert habe ich von den vielen und langen Gesprächen mit meinem Telefon-Joker Hermann Kurz aus Rottenburg. Ihm sei dieses Büchlein gewidmet!

Literatur

Abraham, Anna, The Neuroscience of Creativity, Cambridge 2018.
Arendt, Hannah, Vita activa oder Vom tätigen Leben, Stuttgart 1960.
Aristoteles, Nikomachische Ethik, übers. und hrsg. v. U. Wolf, Hamburg 2006.
Aristoteles, Politik, übers. und hrsg. v. E. Schütrumpf, Hamburg 2012.
Beghetto, Ronald A.: „The Role of Humor in Teaching for Creativity"; in: Luria u. a. (2018), 143–155.
Benjamin, Walter, Erzählen. Schriften zur Theorie der Narration und zur literarischen Prosa, Frankfurt a. M. 2007.
Bertram, Georg W./Rüsenberg, Michael, Improvisieren! Lob der Ungewissheit, Stuttgart 2021.
Boden, Margaret A., The Creative Mind. Myths and Mechanisms (1990), 2. Aufl., New York 2004.
Boden, Margaret A.: „Creativity and Artificial Intelligence. A Contradiction in Terms?"; in: Paul/Kaufman (2014), 224–244.
Boden, Margaret A., Artificial Intelligence. A Very Short Introduction, Oxford 2018a.
Boden, Margaret A.: „Creativity and Biology"; in: Gaut/Kieran (2018b), 173–192.
Boshammer, Susanne, Die zweite Chance. Warum wir (nicht alles) verzeihen sollten, Hamburg 2020.
Bostrom, Nick, Die Zukunft der Menschheit. Aufsätze, übers. v. J.-E. Strasser, Berlin 2018.
Braun, Claus, Die therapeutische Beziehung. Konzept und Praxis in der Analytischen Psychologie C. G. Jungs, Stuttgart 2016.
Brinkmann, Svend, Pfeif Drauf! Schluss mit dem Selbstoptimierungswahn (2014), übers. v. A. Brunstermann, München 2018.
Buchanan, Allen, Beyond Humantiy? The Ethics of Biomedical Enhancement, Oxford 2011.
Busch, Christian, The Serendipity Mindset. The Art and Science of Creating Good Luck, London 2020.
Callard, Agnes, Aspiration. The Agency of Becoming, Oxford 2018.
Carroll, Noël, Art in Three Dimensions, Oxford 2010.
Carroll, Noël: „The Creative Audience. Some Ways in Which Readers, Viewers, and/or Listeners Use Their Imaginations to Engage with Fictional Artworks"; in: Paul/Kaufman (2014), 62–81.

Carroll, Noël: „The Avant-Garde and Creativity: A Gricean Account"; in: The Journal of Aesthetic Education 55 (2021), 1–12.
Cook, Nicholas, Music as Creative Practice, Oxford 2018.
DeVeaux, Scott, The Birth of Bebop. A Social and Musical History, Berkeley 1997.
Dweck, Carol, Selbstbild. Wie unser Denken Erfolge oder Niederlagen bewirkt (2006), übers. v. J. Neubauer, München 2017.
Ellis, Joseph J., American Creation. Triumphs and Tragedies at the Founding of the Republic, New York 2007.
El Ouassil, Samira/Karig, Friedemann, Erzählende Affen. Mythen, Lügen, Utopien – Wie Geschichten unser Leben bestimmen, Berlin 2021.
Emmerich, David, Die Auswirkungen künstlicher Intelligenz auf die erfinderische Tätigkeit und das Erfinderprinzip, Berlin 2021.
Fabre, Cécile, Cosmopolitan Peace, Oxford 2016.
Freud, Sigmund, Schriften zur Kunst und Literatur, Frankfurt a. M. 1987.
Gardiner, John Eliot, Bach. Musik für die Himmelsburg (2013), übers. v. R. Barth, München 2016.
Gaut, Berys: „Educating for Creativity"; in: Paul/Kaufman (2014), 265–287.
Gaut, Berys: „The Value of Creativity"; in: Gaut/Kieran (2018), 124–139.
Gaut, Berys/Kieran, Matthew (Hrsg.), Creativity and Philosophy, London/New York 2018.
Gottschall, Jonathan, The Story Paradox. How Our Love of Storytelling Builds Societies and Tears Them Down, New York 2021.
Hagberg, Gary: „The Ensemble as Plural Subject: Jazz Improvisation, Collective Intention, and Group Agency"; in: E. Clarke/M. Doffman (Hrsg.), Distributed Creativity, Collaboration and Improvisation in Contemporary Music, New York 2017, 300–313.
Hájek, Alan: „Creating Heuristics for Philosophical Creativity"; in: Gaut/Kieran (2018), 292–312.
Harari, Yuval Noah, Homo Deus: Eine Geschichte von Morgen (2015), übers. v. A. Wirthensohn, München 2017.
Harré, Rom: „Creativity in Science"; in: M. Krausz/D. Dutton/K. Bardsley (Hrsg.), The Idea of Creativity, Leiden 2009, 267–292.
Hills, Alison/Bird, Alexander: „Creativity without Value"; in: Gaut/Kieran (2018), 95–107.
Ikuta, Jenni Choi, Contesting Conformity: Democracy and the Paradox of Political Belonging, New York 2020.
Johnson, Steven, Where Good Ideas Come From. The Seven Patterns of Innovation, London 2011.
Jung, Carl Gustav, Gesammelte Werke, Bd. 15. Über das Phänomen des Geistes in Kunst und Wissenschaft, Freiburg 1990.
Kane, Robert: „The Problem of Free Will. A Libertarian Perspective"; in: R. Kane/C. Sartorio, Do We Have Free Will? A Debate, New York 2022, 3–67.
Kant, Immanuel, Gesammelte Schriften, hrsg. von der Königlich Preußischen Akademie der Wissenschaften, Berlin (kurz: AA), 1902 ff.
Kast, Verena, Loslassen und sich selber finden. Die Ablösung von den Kindern, 2. Aufl., Freiburg 2012.
Keil, Geert, Willensfreiheit, 3. Aufl., Berlin 2017.
Kennedy, Paul, Parlament der Menschheit. Die Vereinten Nationen und der Weg zur Weltregierung (2006), übers. v. K. Kochman, Bonn 2007.

Kind, Amy, Imagination and Creative Thinking, Cambridge 2022.
Lachenmann, Helmut, Musik als existentielle Erfahrung. Schriften 1966–1995, Wiesbaden 1996.
Landemore, Hélène, Democratic Reason: Politics, Collective Intelligence, and the Rule of the Many, Princeton 2013.
Lear, Jonathan, Radikale Hoffnung. Ethik im Angesicht kultureller Zerstörung (2006), übers. v. J. Pier, Berlin 2020.
Lehmann, Konrad, Das schöpferische Gehirn. Auf der Suche nach der Kreativität – eine Fahndung in sieben Tagen, Berlin 2018.
Lehmann, Konrad, Für mein Gehirn bin ich selbst verantwortlich: wie die Umwelt die Persönlichkeit formt – von der Zeugung bis zum Tod, Berlin 2022.
Lott, Micah: „The Comic Sword of Truth and Justice. Humor as a Moral Virtue"; in: Pettigrove/Swanton (2021), 114–137.
Luria, Sarah R./Baer, J./Kaufman, James C. (Hrsg.), Creativtiy and Humor, London 2018.
Mann, Sandi/Cadman, Rebekah: „Does Being Bored Make Us more Creative?"; in: Creativity Research Journal 26 (2014), 165–173.
Martus, Steffen, Aufklärung. Das deutsche 18. Jahrhundert – ein Epochenbild, Berlin 2015.
Meier, Christian, Die Entstehung des Politischen bei den Griechen, Frankfurt a. M. 1980.
Mill, John Stuart, Über die Freiheit (1859), übers. v. B. Lemke, Stuttgart 1974.
Mill, John Stuart, Betrachtungen über die Repräsentativregierung (1861), übers. v. H. Irle-Dietrich, Berlin 2013.
Miller, Arthur I., Insights of Genius. Imagery and Creativity in Science and Art, New York 1996.
Minson, Julia A./Chen, Frances S.: „Receptiveness to Opposing Views: Conceptualization and Integrative Review"; in: Personality and Social Psychology Review 26 (2022), 93–111.
Moran, Richard, The Exchange of Words. Speech, Testimony, and Intersubjectivity, Oxford 2018.
Montaigne, Michel de, Essais (1572–1592), übers. v. H. Stilett, München 2011.
Mould, Oli, Against Creativity, London 2018.
Mulgan, Tim: „Moral Imaginativeness, Moral Creativity and Possible Futures"; in: Gaut/Kieran (2018), 350–368.
Nagel, Thomas, The View from Nowhere, New York 1986.
Nietzsche, Friedrich, Kritische Studienausgabe (KSA), hrsg. v. G. Colli/M. Montinari, 2. Aufl., München 1988.
Nozick, Robert, The Examined Life. Philosophical Meditations, New York 1989.
Nussbaum, Martha C., Anger and Forgiveness. Resentment, Generosity, Justice, Oxford 2016.
Ostrom, Elinor, Governing the Commons. The Evolution of Institutions for Collective Action, Cambridge 1990.
Ostrom, Elinor: „Beyond Markets and States: Polycentric Governance of Complex Economic Systems"; in: The American Economic Review 100 (2010), 641–672.
Pacquot, Thierry, Die Kunst des Mittagsschlafs (1998), übers. v. M. Heusel/S. Dzuck, Göttingen 2020.
Park, Guihyun/Lim, Beng-Chong/Oh, Hui Si: „Why Being Bored Might Not Be a Bad Thing after All"; in: Academy of Management Discoveries 5 (2019), 78–92.

Paul, Elliot Samuel/Kaufman, Scott Barry (Hrsg.), The Philosophy of Creativity: New Essays, Oxford 2014.
Pettigrove, Glen/Swanton, Christine (Hrsg.), Neglected Virtues, New York 2021.
Philpott, Daniel, Just and Unjust Peace. An Ethic of Political Reconciliation, New York 2012.
Platon, Sämtliche Werke, Griech./Dt., übers. v. F. Schleiermacher, Frankfurt a. M. 1991.
Rawls, John, Politischer Liberalismus (1993), übers. v. W. Hinsch, Frankfurt a. M. 1998.
Rawls, John, Das Recht der Völker (1999), übers. v. W. Hinsch, Berlin 2002.
Reckwitz, Andreas, Die Erfindung der Kreativität. Zum Prozess gesellschaftlicher Ästhetisierung, Berlin 2012.
Ricoeur, Paul, Temps et récit, III. Le temps raconté, Paris 1985.
Ricoeur, Paul, Soi-même comme un autre, Paris 1990.
Ricoeur, Paul, La mémoire, l'histoire, l'oubli, Paris 2000.
Rinderle, Peter, Der Zweifel des Anarchisten. Für eine neue Theorie von politischer Verpflichtung und staatlicher Legitimität, Frankfurt a. M. 2005.
Rinderle, Peter, Werte im Widerstreit, Freiburg 2007.
Rinderle, Peter, Musik, Emotionen und Ethik, Freiburg 2011.
Rinderle, Peter: „Die Dramen der Allmende. Ein Plädoyer für eine polyzentrische Bereitstellung, Verteilung und Schonung von konsumrivalisierenden Gemeingütern"; in: Zeitschrift für Politik 60 (2013), 4–31.
Rinderle, Peter, Demokratie, Berlin 2015.
Rinderle, Peter, Grundlinien einer globalen Ethik. Gerechtigkeit, Politik und Kultur im 21. Jahrhundert, Stuttgart 2021.
Rosen, Charles, Der klassische Stil. Haydn, Mozart, Beethoven (1971), übers. v. T. M. Marshall, 2. Aufl., Kassel 1995.
Sannino, Annalisa/Ellis, Viv (Hrsg.), Learning and Collective Creativity, London 2014.
Sawyer, Keith, Group Genius. The Creative Power of Collaboration, New York 2007.
Schlesinger, Stephen C., Act of Creation. The Founding of the United Nations, Boulder 2003.
Schopenhauer, Arthur, Über die Grundlage der Moral (1840), Hamburg 2007.
Simanowski, Roberto, Todesalgorithmus. Das Dilemma der künstlichen Intelligenz, 2. Aufl., Wien 2021.
Sophokles, Antigone, Griechisch-deutsch, übers. und hrsg. v. N. Zink, Stuttgart 2020.
Spruyt, Hendrik, The Sovereign State and Its Competitors. An Analysis of Systems Change, Princeton 1994.
Steiner, Georg, Grammatik der Schöpfung (2001), übers. v. M. Pfeiffer, München 2001.
Sternberg Robert J.: „Enhancing People's Creativity"; in: Kaufman, J. C./Sternberg, R. J. (Hrsg.), The Cambridge Handbook of Creativity, 2. Aufl., Cambridge 2019, 88–103.
Sternberg, Robert J.: „Missing Links: What is Missing from Definitions of Creativity"; in: Journal of Creativity 32 (2022), Issue 1.
Strawson, Galen: „The Impossibility of Moral Responsibility"; in: Philosophical Studies 75 (1994), 5–24.
Surowiecki, James, Die Weisheit der Vielen: Warum Gruppen klüger sind als Einzelne und wie wir das kollektive Wissen für unser wirtschaftliches, soziales und politisches Handeln nutzen können (2004), übers. v. G. Beckmann, München 2005.
Swanton, Christine: „Creativity as a Virtue"; in: Pettigrove/Swanton (2021), 95–113.

Thukydides, Der Peloponnesische Krieg, Griechisch-deutsch, übers. und hrsg. v. M. Weißenberger, Berlin 2017.
Tocqueville, Alexis de, Über die Demokratie in Amerika (1835/40), übers. v. J. Zbinden, München 1976.
Totschnig, Wolfhart: „Fully Autonomous AI"; in: Science and Engineering Ethics 26 (2020), 2473–2485.
Volland, Holger, Die kreative Macht der Maschinen. Warum Künstliche Intelligenzen bestimmen, was wir morgen fühlen und denken, Weinheim 2018.
Wedelstaedt, Almut Kristine v., Von Menschen und Geschichten. Über philosophische Theorien narrativer Identität, Münster 2016.
Weisberg, Robert W., Creativity. Understanding Innovation in Problem Solving, Science, Invention, and the Arts, Hoboken 2006.
Weisberg, Robert W., Rethinking Creativity. Inside-the-Box Thinking as the Basis for Innovation, Cambridge 2020.
Wilson, Edward O., The Social Conquest of Earth, New York 2012.
Wilson, Edward O., The Origins of Creativity, New York 2017.
Wittgenstein, Ludwig, Werkausgabe, Frankfurt a. M. 1984.

GPSR Compliance

The European Union's (EU) General Product Safety Regulation (GPSR) is a set of rules that requires consumer products to be safe and our obligations to ensure this.

If you have any concerns about our products, you can contact us on

ProductSafety@springernature.com

In case Publisher is established outside the EU, the EU authorized representative is:

Springer Nature Customer Service Center GmbH
Europaplatz 3
69115 Heidelberg, Germany

www.ingramcontent.com/pod-product-compliance
Lightning Source LLC
LaVergne TN
LVHW011007250326
834688LV00004B/110